呼吸のくふう

日常生活の中の禅

辻 雙明
Tsuji Soumei

春秋社

布鼓庵雙明老師

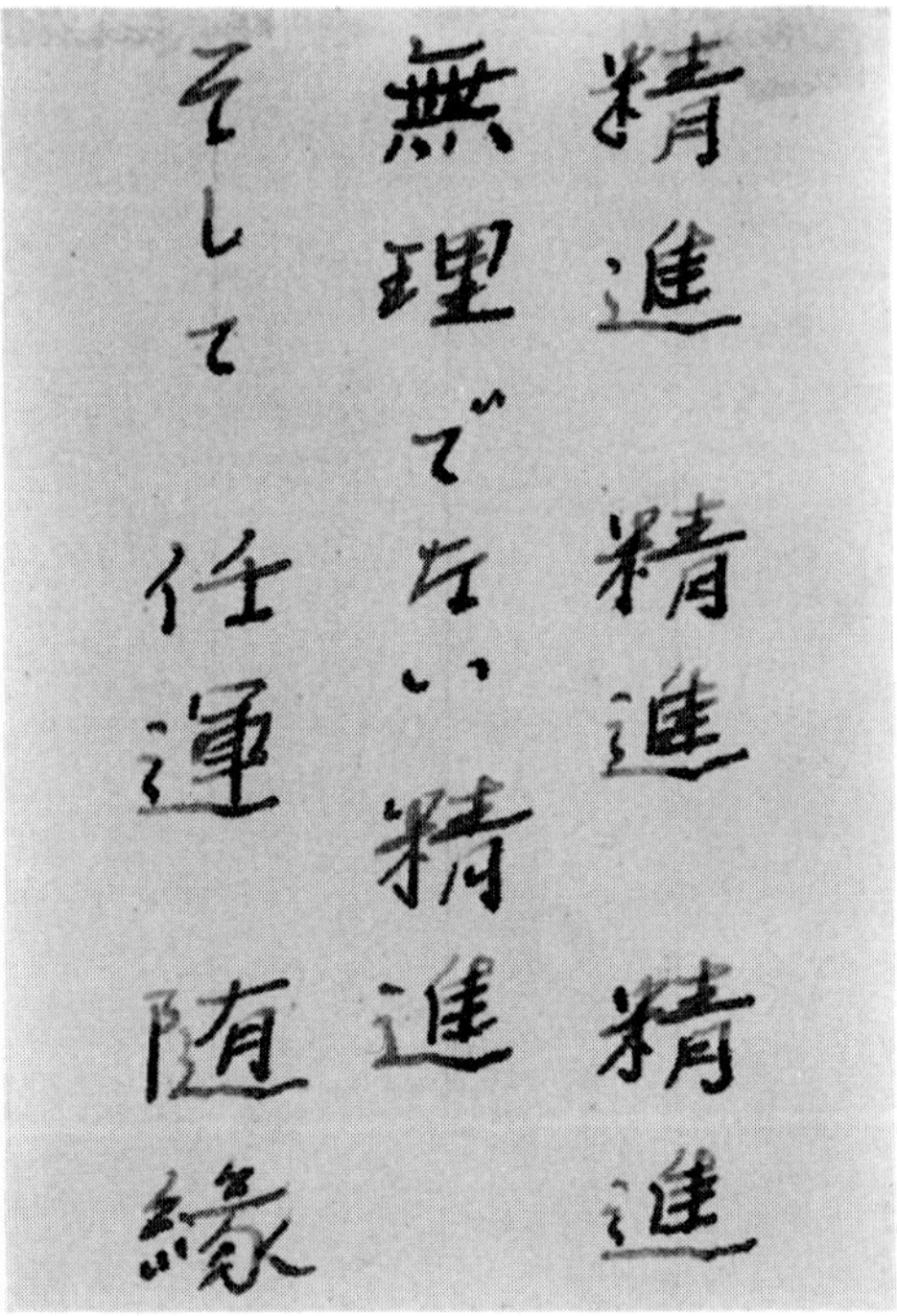
精進　精進　精進
無理でない精進
そして　任運　随縁

呼吸のくふう　目　次

呼吸のくふう——日常生活の中の禅

呼吸について

本日は、かねて申し上げてありますように、提唱(ていしょう)に代えて、「呼吸について」ということで若干のお話を申し上げようと思っております。

一、「結局、呼吸だ」——堯道老師の一句

これは、前からずっとお出でになっている方には時たま申し上げておることですが、私の恩師の堯道(ぎょうどう)老師が、ある時ポツリと、私と二人で相対座(あいたいざ)しておる時に、ポツリと「結局、呼吸だ」と、こう言われたのであります。この「結局、呼吸だ」という只の一句、しかしこれは、私の胸に深く入りまして、それから以後、数十年間、私はこの一句をじーっと抱き続けて参ったのであります。堯道老師について参禅弁道しました数十年間に、それは、只の一度の、只の一句でありましたが、それが数十年間、私の胸にずーっと抱かれて来たわけであります。

二、専念、呼吸ヲ凝ラシ

また、あの山岡鉄舟居士(こじ)、これはもう恐らく皆さんご存知のように、あの明治維新の時に、西郷南州翁、勝海舟と共に相諮(はか)って、もう少しで江戸が戦火の中に入るところを──マ、これは革命ですね──その惨禍から江戸市民を救うという大変なことをする上で大きな役割を果たした方であります。この方は──ご存知の方が多いと思いますが──剣道と禅の道の両方に若い時から、剣道はもう十歳以前（九歳とかと自分で書いておられますが）、それから禅の方は二十歳以前（十八歳とか十九歳とかと書いておられます）に、それらを一心に修行された。禅の方も、数人の優れた老師に参禅されたんですが、ある時は箱根の山を越えて、三島龍沢寺の星定和尚という老師にも参禅された。そういう非常に熱心な剣道と禅道の修行をされたそのあげく、数え年四十五歳の時に──明治十三年三月三十日の払暁と、自分で書いておられますが──大悟(だいご)徹底され

て、あの立派な「投機の偈」を、

学剣労心数十年　　剣を学び心を労すること数十年
臨機応変守愈堅　　機に臨み変に応じて守りいよいよ堅し
一朝塁壁皆摧破　　一朝塁壁皆摧破す
露影湛如還覚全　　露影湛如として還って全きを覚ゆ

という非常に立派な「投機の偈」を作っておられます。

その時の、大悟徹底の時の様子を、自ら『剣法と禅理』という——短いものですが——手記にしておられます。これは、すぐその三月三十日の次の次の日の四月一日付になっておりますが、その中に、大悟されるその前の様子を書いておられます。呼吸というものに心をずーっと凝らしておる、そうして大悟の境涯にいたった、と。呼吸に心を凝らして、もう他のことは考えないで、もちろん公案はありますけれども、それ以外のことは、ただ呼吸に凝らすと、『剣法と禅理』に書いておられます〔「専念呼吸ヲ凝ラシ」〕。呼吸というものは、それくらい大切なものであります。

三、風・喘・気・息——呼吸の四段階

ところで、その大切な呼吸について、禅宗の『坐禅儀』には一言も書いていないのであります。姿勢のこととかは書いてありますけれども、呼吸については一言も書かれておらないのであります。これはどういうわけか、マァ、分かりませんけれども、私の推察するところでは、非常に大事なことであるために言葉にしない。これは昔からの芸事でも、それはもう一番の奥の奥になると、もう文字にはしないというようなことがあったのじゃないかと思いますが、そういうためじゃないかと思います。

そこで、禅宗と同じように坐禅ということを非常に熱心に修行いたします天台宗に『天台小止観（てんだいしょうしかん）』という有名な本があります。それの第四章は、「調和」

ということになっております。調和ですね。これは、ちょうど『坐禅儀』をもう少し長くしたような内容のものであります。その中に、呼吸のことも書かれております。『天台小止観』では、呼吸を、乱れておる状態から整った状態まで四つの段階に分けて述べております。「風・喘・気・息」。「風」は風ですね。「喘」は喘息の喘です。「気」は空気の気です。「息」は息です。この「息」の状態がよろしい、と。だんだんに荒れた状態から整った状態。その「息」の状態というのは、『天台小止観』では「出入綿綿として、存するがごとく亡きがごとく」と。「出入」というのは出入りですね。呼吸の出入りが「綿綿として、存するがごとく亡きがごとく」と、そういう状態にならなくちゃいかんと、そういうふうに書かれてあります。

四、息は、臍より出でて還り入って臍にいたる

それから、やはり同じ天台宗の『摩訶止観』——これは『天台小止観』より

は、だいぶ分厚いものなんですが――その第七章の「正しく止観を修す」という中に、呼吸について非常に貴い教えがあります。それは「息は、臍より出でて還り入って臍にいたる。出入は、臍をもって限りとなす」と、こういうのであります。「息は、臍より出でて還り入って臍にいたる。出入は、臍をもって限りとなす。」

五、呼吸は肛門でやれ

それからヨーガの方では、「呼吸は肛門でやれ」と、「肛門でやれ」と、こういうことが教えられております。

それから『天台小止観』の中には、こういうことが書かれてあります。坐禅を始める最初には、こういう呼吸をしなさい、と。まず、ちゃんと形を整える。ずっと耳と肩と、鼻と臍とを相対し、舌は上の歯茎を拄え、歯はちゃんとつける。そして、マァ、『天台小止観』では、眼はこう微かに閉じるというのですが、『坐禅儀』では、閉じてしまってはいかん、と――この点が『坐禅儀』はちょっと違うんですが――これは大切な点です。とにかく『天台小止観』では、こう微かに光が入るくらいに閉じろと、こういうんですね。『坐禅儀』では、閉じることはいかん、と。これはつまり、真黒黒の境涯になっちゃいかん、ということを禅宗ではやかましく言いますから、つまり『臨済録』にも、「仏は常に世間に在って、而も世間の法に染まず」と、こういうお経の一句が引用されております。仏は、「常に世間に在って」、常に世間の相対・現実の中にあって、「而も世間の法に染まず」、しかも相対・現実のいろんなことに囚われないと、これが臨済禅師の教えの一つの大切な点であります。そういう意味からであると思いますが、禅宗では、眼を閉じてしまってはいかん、と。これが『天台小止観』では、微かに光が入る程度に眼を閉じろと、そういう違いはありますが、とにかく姿勢を正すことについては、だいたい同じであります。「耳と肩と対し、鼻と臍と対し、舌、上の腭(あぎと)を拄え、唇歯相い著けしむることを要す」(『坐禅儀』)、こういうふうにですね。

そして、ずっと耳と肩と対し、鼻と臍と対したならば、ずーっとこの下腹を、『坐禅儀』には、「臍腹を寛放せよ」とある。これは大切な言葉であります。「臍腹」というのは腹と臍、それがへこんでおっちゃいかんというのでありますす。「寛」というのは寛大の寛、「放」は放つ。こういう姿勢が、やっぱり呼吸とは非常に深く関係してくるわけです。非常な達人になれば、どんな姿勢をしていても立派な呼吸ができるようになってきますが、マァ、普通は姿勢というものを正しくして、そうして初めて呼吸も正しくなってくる。修行の過程においては、そうでありますから、『坐禅儀』においては、まず姿勢を正す、と。「耳と肩と対し、鼻と臍と対し、舌、上の腭を拄え、唇歯相い著けしむることを要す。」それから、この「臍腹を寛放」する、と。臍腹を寛放することによって、ずーっと腰がしっかりしてくるわけです。

そして『天台小止観』では、坐禅を始める最初に、まず息を、口をすぼめて、口をすぼめて息を全身から、こう吐くようにせよと、そういうふうに書いてある。口をすぼめて、全身から吐くようにする。これを三回やれ、と。マァ、一回でもいいと、こういうんです。坐禅を始める最初に、姿勢を正しうして、それから口をすぼめて、腹の底から、全身から――『天台小止観』には、いろいろと細かく書いてありますが――要するに全身から息を吐くわけです。

そうして、息を吐いて吸うとき――これは、もちろん吸うときは鼻から吸うんですが――鼻から、こうズーッと全身に吸い込む、鼻から全身に吸い込む。最後に――ヨーガの方で教えておるように――肛門をグーッと締めて、そうして吸い込むんです。全身から、ズーッと全身から吸い込んで――もちろん鼻から吸い込むんですが、全身から吸い込む気持ちで吸い込んで――最後は肛門を締めてから、ズーッと吸い込むようにするんです。そして吐くときは、先ほどの『摩訶止観』にあったように、臍に心をズーッと集中しながら、全身から。マァ、蘇東坡の言葉で言えば、「蒸（む）すがごとくに」と、こう言うんですが、要するに全身から。そうして、ズーッと呼吸一遍になるようにしていくわけです。そうなるともう、もちろん自分の身体というものが意識されないようになってきます。本当の呼吸一遍になってしまう。

六、一呼吸の長さ

そういうふうにやるんですが、そこで一つの方便として、私は、自分の呼吸の長さというものを時に調べるということが、呼吸を本当に深く静かにするというための一つの方便として、時にやるのがいいのじゃないかと思うんです。一呼吸どのくらいの時間がいいのか、そういうようなことは、別に書いたものもありませんし、何も特別な基準はないと思います。あるドクターの書かれた本の中に、ある僧堂で調べたところ、長く修行しておる者が、一呼吸一分間以上であったというようなことが書かれてあるのを読んだことがありますけれども、それは各人の体格とか、いろんなことがありましょうから、「一分間に一呼吸」の長さという基準はないと思いますが、とにかく一つの方便として、自分一人で坐る場合、朝なんかに一人で坐るという場合、目ざまし時計を前に置いて、そして自分の呼吸の長さを調べてみる、十呼吸なら十呼吸、二十呼吸なら二十呼吸で何分かかったかということを時に調べてみる。そうすると、自分の呼吸の深さ、静かさというものが点検されるわけですね。これが一つの方便として、自分一人で坐る場合に、時にそういうことをやるのがいいと思います。
最初はまず、「一呼吸一分間」。これは、その人その人の体格体質によっていろいろ違うだろうと思います。これは、そういうことを医学的に研究するという方があれば、恐らくその人その人によって違うと思いますが、とにかく一応「一呼吸一分間」というのを、まず一つの段階として、一つの目標としてやる。さらにそれ以上に、一呼吸、あるいは二分、あるいはそれ以上に長い静かな呼吸。

その時に大事なことは、長くしようと思って力(りき)んじゃ、かえって乱れてしまいますから、長くしようというそういう意識なんかは持っちゃいけない。また力んではいけないんです——絶対に、力んではいけない。ただ、先ほど申しましたようなふうに、呼吸を静かに深くして行く結果として、長くなって行くわけですから、無理に長くしようというようなことで力んでは、かえって呼吸は乱れてしまうんです。先ほど言いましたように、ずーっと吸う息は――もちろん鼻から吸うんですが――全身からずーっと下腹に吸い込んで、そうしてずーっと肛門を締めて、さらにさらに吸い込んで、吐くときは、臍のあたりに心を集中しながら、全身から「存するがごとく亡きがごとく」というふうに言われておる。あるいは蘇東坡の「蒸すがごとく」という言葉のように――これは皆、形容ですが、そういう言葉に囚われてはいけない。そうして「呼吸一遍」になる。

この呼吸についても、禅の立場として一番大切なことは、要するに「身心脱落（しんじんだつらく）」。これは道元禅師の言葉です。「身心滅却」。これは至道無難（しどうむなん）禅師の御言葉ですね。この境涯に至る、この境涯において呼吸するということが、もっとも大切なことで、いろんなことを述べてきましたけれども、結局、呼吸としては「呼吸一遍」になって行く。ほんとに呼吸一遍になったときは、今の「身心脱落」「身心滅却」の境涯にあるわけです。これが大事です。それは、先ほどの『天台小止観』で「出入綿綿として、存するがごとく亡きがごとく」というふうに形容される、そういうことと一致してくるわけです。本当に呼吸が整ったときは、そういうふうになって、そして自分の体とか心とかというものが全然意識されないということになるわけです。

七、静坐一炷の功

呼吸の話は大体そんなことですが、その呼吸の修行、坐禅の修行というものについて、一言お話ししておこうと思います。

釈宗演（しゃくそうえん）老師――堯道老師は、この宗演老師の法を継がれたわけです。堯道老師の先師です。禅宗では、先師という言葉を使う。先師というのは、先の師匠、つまり恩師ですね。この方は、非常にどちらかというと豪放な方のようだったようです。私は直接、直（じか）に、お逢いしたことはありませんが――割合に早く亡くなりましたから――ただ、お話を堯道老師あたりから聞くだけですが、どちらかと言うと禅僧としては――マァ、禅宗には、いろんなタイプはあるわけです、家風というものがあるわけですが——どちらかと言うと豪放な方のようであった。ところがある時『坐右銘』というものを十箇条作られた。堯道老師はその頃、宗演老師の鎌倉円覚寺の僧堂で、役位——役位というのは、僧堂の世話をする直日とか侍者寮とか、そういうものですが——をやっておられて、宗演老師が『坐右銘』十箇条を作られた時に、「ずいぶん真面目ですな」と言って冷やかしておられたという話を堯道老師から聞いたことがあります。それはとにかくとして、その第一箇条は「早起未だ衣を改めず、静坐一炷の功」、早起（早く起きて）、未だ衣を改めないところに（衣を改めないというのは、寝間着姿という意味じゃないと私は思います。要するに禅宗のお坊さんは法衣を普通の着物の上にまた着るんですが、寝間着と違った法衣の下に着る普通の服装ですね、それをいわゆる着るんだと思うんですが）、「未だ衣を改めず、静坐一炷の功」——「一炷の功」というのは線香一本という意味、線香は長さによって時間は違ってきますけれども——「早起未だ衣を改めず、静坐一炷の功」と。これは要するに、朝、起きたらすぐに坐ると、こういうことです。簡単に言えば。

私は、これは現在の私たち、とにかく禅の修行というものを心掛ける、坐禅というものはいいもんだから、それをやるようにしようと、そういう人たちにとっては、この『坐右銘』の第一条は、今日でもやっぱり生きておると思います。僧堂ではもちろん朝早くと夜、食事なんかを終えた後に、長い時間坐るんですが、この禅堂でも普通の禅会以外に朝早く随意坐に来られる方がある。また夜も、普通の時間割り以外に随意坐をやっておる方もあります。ここへ来なくても、自分の家で朝に夕べに修行をしておられると思うんですが、そういうように特に禅に熱心ということでなくても、禅というものを少しでも生活の中に、禅というものを基礎としてやって行こうというふうに、皆さん恐らくそういう方々だと思いますが、そういう方は、やはり朝、長い時間でなくてもいいですから、マァ、二十分でも三十分でも四十分でもいいですから、とにかく朝、「一炷の功」ですね。しばらく坐る。こういう習慣をつけることが非常に大切だと思います。

　これは禅の修行というよりは、人生を本当の意味で安らかに幸せに生きて行くということの、正しく生きて行くということの、やはり私は、根本の行持ではないかと思います。いろいろ仕事、あるいは家庭のこと、いろんなことがありますから、なかなか朝それだけの二十分なり三十分なり四十分なりの時間の余裕を持つということは難しいというふうに考えられることが多いと思いますが、しかしそれは、やっぱり生活を正しくするという意味で、夜の時間を、なるべく夜の生活を正しくして、あるいはもっと言えば、昼間の生活を正しくして、そして夜あまり遅くならないように寝て、それだけ朝早く三十分でも四十分でも早く起きて、そして坐禅をする。

　その時に、そういう短い時間ですから、ただぼーっと坐禅していたんじゃ駄目だと思うんです。今の呼吸というものについて、十分に心を用いて、シッカリとした呼吸をして、その二十分なり三十分なり四十分なりをやりますと、今度は昼間でも、例えて言えば、これは普通、職場なり家庭なりでは、なかなか行なわれないことですが、僧堂では食事前の作法というものは非常にやかましいんです。この禅道でも、食事をする前には『食事五観文』『食事誓願偈』『食前の言葉』というものを読む――僧堂では、もっといろいろお経を読んだりしますが――そういうような、仮に食前に口に出して『食前の言葉』を読まないにしても、仮に皆さんの中には、恐らく合掌をして心の中に『食前の言葉』を念ずると、口には出さなくてもそうするような方もおられると思いますが、とにかくそういうような時でも、仮に一呼吸でも二呼吸でも深～い呼吸をする。これは、先ほどの朝起きてしっかり呼吸をやるということをやっておりますと、まあ割合にやりやすくなる。そうすると生活がいよいよ整って行くというわけになると思います。

八、真人の息は、踵を似てす

それから、この呼吸に関して、いくつかのことをお話ししようと思いますが、『荘子』の中に、「真人（真の人ですね）の息は、踵（きびす・かかと）を似てし、衆人（普通の人ですね）の息は、喉を似てする」（内篇・大宗師篇第六）と、こういう言葉があります。これは、白隠禅師の『夜船閑話』にも引用されております。『夜船閑話』の中では、ちょっと言葉が違うんですが、「真人の息は、踵を似てし、衆人の息は喉を似てする」。普通の生活においては、立っているということが非常に多いんですが、禅堂では、もちろん立ったときには、そういうふうな呼吸をするわけです。ずーっと、先ほどのように全身から下腹に吸い込んで、ずーっと肛門を締めて、ずーっと吸い込んで、それを『摩訶止観』では、臍のあたりに心を置いてズーッと息を出せというふうに言っていますが、立っておるときは、さらにそれを足の裏ですね、踵、足心（足の裏の真ん中）、そこに心を集中して吐く。そういうことをやっぱり心掛けると、これは健康にも非常にいいんじゃないかと思います。

九、呼吸と健康

イ、『夜船閑話』の「序」

これはまったく余談でありますけれども、私どもの生活にとっては健康ということはもちろん非常に大切なことでありますから、それと呼吸とのかかわり、これについて考えるということは、やっぱり大切なことだと思います。この白隠禅師の『夜船閑話』――これも白隠禅師の本では最も広く昔から読まれておると言われる本でありますが――この本は、数年前に春秋社から伊豆山という方――この方は非常に篤学な人なんです、篤学な人ですが、禅の修行も深くやった人で、大学の教師（茨城大学の教授）をやられて、禅の修行は若い時からずっとやられた――この方の注釈本が出ております。これは、健康ということを考える方はぜひ読まれたらいいと思いますが、その序のところに、非常にいい教えがあります。

それは白隠禅師の言葉ですと、非常に何ていうか、いろいろなことを言っておられますが、つづめて簡単に言えば、要するに横になって、そして深い息をするということであります。深い息といっても、ただ普通の息じゃなしに、ずーっと白隠禅師は、「臍輪・気海・丹田・腰脚・足心」と、こう言っておられます。「臍輪」というのは臍ですね。「気海・丹田」はその下、「腰脚・足心」と。「足心」は足の裏の真ん中ですね。寝てて、ずーっとそういうふうに意識して、足心からずーっと吐くようにせよと、こう言うんです。足を少し、こう踵をずーっと踏んまえるようにしてですね。

この禅堂へ――この方は数年前に満九十六歳という長寿で亡くなりましたが――松本脩二さんという方、この方は、九十歳を過ぎてもまだこの禅堂へ、杖をついてでありますが、坐禅に熱心に来ておられました。さらに禅というものを非常に大切だと思っておられるのか、幾人かの親しい方を強く勧めて、ここへ縁を結ばれるということもされる程であったんです。この松本さんという方がどうしてそんなに熱心になられたかと言いますと、この方は、わりあい若い時から癪（しゃく）という——今、癪というような病気はあまり聞かないんですが、非常に難病のようですが——これにかかって、いろんな健康法を調べて、それをやったんですが、どうも効果がない。ところが、もう七十歳代になってからですが、ある日、たまたま本屋で、この白隠禅師の『夜船閑話』を手に入れて読んだところ、非常に心を動かされて、それを実践した。そして、長いこと苦しみ悩んだその難病の癪を克服した。治った。そこで、非常に禅を信奉するということになられたということであります。

この方は、公務員であったんですけれども、辞めてから自分で小さな食品の会社を経営しておられた。それである時、そういう業界の人に頼まれて、健康法についての講演をしてもらいたいということで、一応その要旨を原稿にしたから見てもらいたいと言って、数ページにわたるものでしたが、原稿を送って来られたんです。拝見すると、この『夜船閑話』の、今の横になって深い息をするということが、それに松本さんなりの工夫をこらして、ただ『夜船閑話』に書いてあるだけじゃなしに、松本さんは松本さんとしての工夫をこらして、そしてその『夜船閑話』にある教えを実践されたというわけです。

これについては、また私自身の体験があります。これは今からもう六、七年も前になるかと思いますが、当時は、丸三年前に亡くなった家内がだんだん具合が悪くて、その頃は禅堂の行事ばかりでなく、禅堂のこと以外にも、非常に忙しい――まあこの頃は非常に衰えてきましたので、余り無理しないようにしてやっておりますが――その頃は、堂長として手一杯やっておったわけです。あらゆる行事、禅堂堂長としての割合に忙しい生活、そこへ家内がずーっと数年間、具合が悪くて、家事も全部、私がやらなくちゃならんというような状態になった。ちょうどその頃でありますが、ある朝、起きますと――起きて、いつものようなことをやって行くんですが――非常に頭痛がする。頭痛だけでなくて、胸が非常に気持ち悪い。そこで血圧を計ってみたところ――私はいわゆる低血圧というもので、普通は血圧がずーっと低いわけです――ところが、その血圧が五十くらいも普通のときよりも上がっておるわけなんです。それで、私もちょっと驚いたんですが、私がいつも相談するある大学病院のドクター――この禅堂にも非常によく来られる方ですが――そのドクターにすぐ電話をかけたところ、「それじゃ、すぐ薬を取りによこしてください」。この方は割合に薬を出さない方なんです、どちらかというと。ドクターによっては、薬をたくさん出す方と、そうでない方とありますが、この方は割合に出さない方ですが、その時はもう「すぐ取りに来てください」と。こんなことは初めてだったんです。

私も、そこですぐに使いに行ってもらったんですが、しかし私は、その薬を前にして考えた。『臨済録』の中には、「薬病相治す」と――病も薬も両方とも治す、病も治す、薬の害もまた超越する、と。これは要するに、迷っているそこから悟る、その悟りもまた超越する、「悟って悟りのサの字もない」と堯道老師は言われた、そういうことを意味しているんですが、『臨済録』の「薬病相治す」という言葉、つまり薬というものは効く薬ほど、それぞれ薬害というものが必ずある。血圧の場合、飲みだすと、それがやっぱりずーっと習慣になって、飲まないと下がらない。薬に頼るということが、はたしてどうかと思って、まあ薬はもちろんいただきましたが、それを飲まないで、そうしてこの『夜船閑話』の中の序文にある白隠禅師の教え、松本さんもやられたそれを、私は——いったん起きていろいろやりだしたところで——それをもう一度、床の上に横になって、そうして『夜船閑話』の初めにあるやり方をやったんです。

これを、とにかく数日間やると、今まで血圧がとにかくだんだんある程度——これは相当長くかかりましたけれども——結局、薬を飲まないで、その血圧の乱れというものを治すことができたんです。それで、私は『夜船閑話』というものが非常に多くの人に読まれるということの、また昔からこれについての注釈が随分いろいろと出ているということの、それの訳がよく分かったように思われます。自分自身のそういう経験から。

ロ、貝原益軒『養生訓』

次に、貝原益軒の『養生訓（ようじょうくん）』というのがあります。ちょっと余談になりますけれども、これは有名な本でありますが、貝原益軒という方は、ちょうど無難禅師と同じ頃に生きた方です。無難禅師よりはいくらか後ですけれども、同時代に生きた人です。この『養生訓』というのは有名ですけれども、貝原益軒には随分たくさんの著述があるんです。というのは、中央公論社が『日本の名著』という、これはずっと昔の古典から現代の、例えば西田幾太郎博士のものに至るまで、日本の名著五十くらいを選んで全集として出しておるんですが、その第十四巻は貝原益軒のものだけで一冊となっております。その中にも、この『養生訓』は載っておるんです。これは今から三百年も前に書かれたものですが、今でも、たとえば杉靖三郎という——一時はずいぶん本をわれわれも読みましたが、これは生理学の専門の大学教授です——この方の『養生訓』についての一冊の本がちゃんと出ております。

それから松田道雄という人――この人は、岩波書店から出している『育児百科』でずいぶん世間に知られております。『育児百科』というのは大変なベストセラーのようですが、その他に、この方はまたお医者さんなんですけれども、ずっといろんな文筆にも活躍されておられる方なんです。この中央公論社の『日本の名著』の中のものも松田道雄さんが編集されて、この松田道雄という方に、やっぱり『養生訓』についての一冊の相当に大きな本が出ております。以前は――その後書に非常にいいことが書いてありますので――この禅堂のテーブルの上に、だいぶ長いこと置いておきました。そういうふうに、この『養生訓』というのは、今から三百年も前のものですから、――今、通用しないようなこともいくらも書かれておるようですが――私も何年か前に、少し前ですが、読んで非常に教えられるところが多かったように思います。私は元来、丈夫なほうじゃありませんので、健康についての本はだいぶ手にしましたが、その中で特に私に強い感銘を与え、影響を与えた、健康を実際に支えてくれた本が、五、六冊ぐらいありますが、これはまあ三十歳代から六十歳代にいたる間、何十年もの間に読んだわけで、その中で、この『養生訓』を読んだのは、六十代の終わりか七十代の初め頃かと思いますが、なかなか教えられるところがありました。その中に——これは岩波文庫版で読んだんでありますが、今もおそらく岩波文庫で出ておると思います——岩波文庫版の数行、五、六行ですけれども、その『養生訓』の中の一節に、この白隠禅師の『夜船閑話』の、横になってやるやり方とまったく同じことが、ただ手の置きどころが『養生訓』の方はちゃんと示してありましたが、それ以外はまったく同じだと思われる。私は、ですから、これは恐らく中国かなんかに、それのもう一つ元になる本があるんじゃないかと、これは勝手に想像しております。とにかく、あの『夜船閑話』の寝ていて、臥禅ですね、横になっての禅——これは松本さんが非常な巨効をそれによって得たというふうにして、ずっとそれを、松本さんは何十年も。松本さんはやっぱり朝一旦起きて、もう冬でもすっかり窓を開けて、一旦起きてちゃんとしてから窓を開けて、そしてそれをやるんだと、こう言っておられました。ほんとにこれはですね、私は、その病気のときだけじゃなしに、夜、寝るときには必ずこれをやるんです。寝るときにですね、もう習慣になってしまった。夜中でも眼が覚めたら、やるんです。そういうふうに習慣になっています。

ハ、普通の深呼吸と健康

それから、これもまったく余談ですけれども、先ほど申しました私が大変お世話になっておるある大学病院のドクターですが、いつかこんなことを言っておりました。血圧が高いという患者の場合、深呼吸をいくつかさせると、その血圧がその場で下がるということがあるということを言っておりました。

それからですね、いよいよ余談になりますけれども、これも数年前、もうそれこそ六～七年も、もっと前かも知れませんが、ＮＨＫラジオで、あるドクターが話をされておるのを私は聞いて、それから実行しているわけなんです。それはですね、そのドクターが朝早くと夜、深呼吸をやることを続けると、気管の抵抗力が増して風邪をひくことが少なくなると、こういうふうなことを言っておられたのを聞いて、それ以後、それをですね、まあ夜はやりませんが、朝は、これは普通の深呼吸ですが、十数回、二十回近く。まあ普通の場合は毎日です——特別、何か具合が悪いときは別ですが。これも何ですね、やっぱり健康にはいいんじゃないかと思います。そのときに私は、その十数回の呼吸のときに、だんだんとその呼吸を深くして行って、そしてやはり吐くときは踵(かかと)から足心(そくしん)で吐くようなふうな、ずーっと深い呼吸をする。そのようにしております。風邪をひくということは、とにかく恐ろしい病気の第一歩になる場合が多いですから、それに簡単にできることです。また酸素を補給するということが、この頃ときどきスポーツマンなんかでもそういうことが言われるようですが、そういう点からも、いいんじゃないかと思います。マァ、余談ですけれども、呼吸ということに関連して御参考までにお話しいたしました。

それでは、こんなことで今日のお話は終わることといたします。

(平成元年四月十五日述)

「呼吸について」の補説

以上は、昨年の四月にお話ししたところであります。これを聞きまして、特に修正をしなければならんというところは気がつきませんでしたが、繰り返しになる点もいくらかあるかも知れませんが、付け加えて若干お話をいたそうと思います。

先ほども申しましたが、堯道老師の先師の釈宗演老師が、ある時『座右の銘』十則を作られて、その第一は「早起（朝早く起きて）未だ衣を改めず、静坐一炷の功」とこういうふうに書かれた。当時の宗演老師は、ご存じの方もあるかと思いますが、いわば天下の大宗師でありました。堯道老師は、大航老師、九峰老師、それから南天棒鄧洲老師、あるいは瑞龍の禅外老師——これは道力禅外なんて言われた禅外和尚——最後には南禅寺の毒湛老師、こういういわばその当時の大宗師の多くに歴参された方であります。その堯道老師が法を嗣がれたのは、この宗演老師だったのでありますから、そういう禅僧の間でも非常に傑出した人であったわけであります。もちろんその家風というものは、それぞれその人によって違うんですが、これは、マァ、それぞれ好き好きが——絵でもいろんな画風というものがあるように——好き好きというものがありますから。

それはとにかくとして、またなおですね、鎌倉という、東京に近いということもあったでしょうが、当時の財界、政界、あるいは文化の方面の非常に重要な位置にあった方々が、宗演老師のもとに教えを請われたのであります。

例えば、三井家の大番頭の早川千吉郎——その人は、円覚寺の確か蔵六庵かなんかに居を移されて参禅される。三井では、東京で毎月、宗演老師を招いてその禅話を、三井家や三井関係の人が。あるいは三井が聴衆を招いて、宗演老師の禅話を聞くというようなこともあったように、堯道老師から伺っております。

なお政界では、例えば野田大塊〔卯太郎〕という、これは当時の政友会の大物だったんです。大臣とかそういうことではなく、それでいて政友会というものを動かすという大変な大物だったんですね、野田大塊。この方の墓は、今でも北鎌倉の東慶寺の中にありますが、その野田大塊さんの――大きな石を墓石にしてあるんですが――お墓は、宗演老師のお墓のすぐ下に出来ております。マァ、とにかく非常に私淑しておられたのではないかと思います。

なお夏目漱石も、短い期間であったようですが、円覚寺の確かこれは帰源院という塔頭（たっちゅう）にしばらく寄宿して宗演老師に参禅したということもあった――これは有名なことなんです。徳富蘇峰なんかも宗演老師の教えを。とにかく当時の政界、財界、あるいは文化の。学校の教師なんかも随分。今と時代が違って、当時の明治から大正の初めにかけては、禅を学ぼうとする人がずいぶん日本にはあったのですね。これは、今とはまるで様子が変わっております。マァ、それは余談ですが。

そういう釈宗演老師が、自らを戒めて『座右銘』十則を選び、その一番最初に「早起未だ衣を改めず、静坐一炷の功」と。一炷というのは、線香の長さによって違いますが、とにかく少なくとも三十分くらいでありましょう。これは、私どものような未熟な者にとっては、なお貴い大切な戒めであると思われます。皆さんもおそらく、朝に夕べにお宅で坐禅なんかをやっておられる方が相当おありだと思いますが、その短い二十分、三十分、四十分という短い坐禅——それは長い坐禅でもそうですが——特にそういうときに一呼吸、一呼吸、ほんとに心をそれに集中して、一呼吸、一呼吸を静かに深くやるということが大事であります。そうでないと、ただ漠然と二十分、三十分、四十分、あるいはそれ以上坐っても——マァ、坐らないよりはよろしいんですが。それで、本当に静かに深い呼吸をいたしますと——これは、その人の体格とか、練習とかによりましょうが——短くても一呼吸一分間、あるいは二分間、ずっと積み重ねて行けば三分間。そこでとにかく最初は「一呼吸一分間」というふうなところをまず目標にして、そしてさらに「一呼吸二分間」というようなふうに進める。さらに「一呼吸三分間」というふうに進めていく。そういうふうにやるのがよろしいと思います。

そうして、そういうふうに朝やりますと、日常においても、自然に自分で呼吸を整える工夫をやるようになるんじゃないかと思いますが、やっぱり心がけてですね、日常、ことに動作を起こすときに、何か動作を起こすときに、例えば字を書くとか、電話をかけるとか、食事をするとか、そういう動作を起こすときに、ずーっと呼吸を深くするということを習慣づけるということは、いいんじゃないかと思います。

これについて私は、忘れられない一つの思い出があります。それはもう今から三十年以上前、この禅堂が出来る前です。ある日ですね、柳宗悦先生の日本民藝館、あそこへ鈴木大拙先生を中心にして、柳先生、それから松本〔重治〕さんという――この方は、国際文化会館の理事長なんかをやられ、その前はトインビーの『歴史の教訓』という、これは非常にいい本ですが、それを訳された、これは岩波書店から出ておりましたが――そういうような著名な方です、松本さんという方。それから古田紹欽さん。それから私も呼ばれまして、主として先生のやっております松ヶ岡文庫のことに関してでしたが、そういう数人の方々が集まられて相談をされたことがあるんです。その時、相談の終わった後に署名簿がまわされまして、その時、鈴木大拙先生の前に最初にいったわけですね。私はこちらから何気なく見ておりますと、先生は署名される前に——筆で署名したんですが——署名される前に、グッと一呼吸、ふっと飲み込まれて一呼吸されたということを私は非常に印象深く、今はもう三十数年たっておりますが、一呼吸される鈴木大拙先生の姿が今でも瞼に浮かぶんです。

ご存じかと思いますが、大拙先生は非常に神経の強い方です。吉川英治先生も大変神経の強い方だったと思っておりますが、この鈴木大拙先生という方も、私は非常に神経の強い方だったと思っております。幾つもそういう事例に出会っておりますが。その非常に神経の強い太い先生がですね、筆を取って署名をされるときに、グッと一息、深い息をされたということは、とにかく——そのとき私は何気なく見ておりましたが——非常に印象深い。

これと反対というわけではありませんが、しかし、こういうこともありました。これは堯道老師についてでありますが、堯道老師は亡くなられる晩年には、円覚寺の中の塔頭の蔵六庵というところにおられましたが、これは、何でもある昔の殿様の庵を移したんだとかいうことで、部屋数は多くはないんですが、ずーっとその部屋の横に通し廊下がありまして、幅一間くらいの通し廊下がずーっと玄関を入ったところからその座敷の横にあったんです。私ども、参りますと、普通の場合は座敷に入らないで、その廊下に籐の粗末な椅子が一つずつ置いてあって、そしてまた、その真ん中に粗末なテーブルが置いてありました。そこに向かいあって、老師と向かいあって坐るわけです。座敷へ通ることもありますけれども、簡単な用事なら、そこですましました。

で、ある日のことですが、夏、わりあいに暖かいですから、服装は非常に薄着のときでありましたから、老師のなさることが非常によく分かったんです。薄着の服装のときに、私と対座しておりまして、そのときに老師が実にリラックスした恰好で、ちょっと足を前に出して、身体をこう、ちょっと椅子に寄り掛かるようにして、リラックスした恰好をしておられる。話の内容ももちろん難しい話じゃない、普通のリラックスした話ですから。ところが、そのちょっと足を出して、こう椅子にひょっと、もたれにひょっとこう軽く寄り掛かってリラックスした恰好をしておられる老師から、私は深々とした息づかいを感じたんです。これは、ちょっと言葉では言えません。深々とした息づかいを、私はその老師から感じた。そして「ああ、これは本当に——百練千鍛という言葉がありますけれども——本当に鍛え抜いた方だなァ。こういうリラックスしたときにも、その呼吸がなんとも深々と静かで、深々としておる。」私はこれは非常に賛嘆したのであります。

またこういうことがありました。これは『禅の道をたどり来て』の中に書いておきましたが、これは老師も六十代くらいでしょうか、私が三十代のときです。見性の後だったと思いますが、熱心に参禅しておった頃です。老師を隠寮に——隠寮というのは老師のおられる建物を言うんですが——そこへ老師に、どういう用件だったか、ちょっと忘れましたが、内参だったんじゃないかと思うんですが、参ったんです。そういうときは、玄関がありますが、そういうときは普通——みんなで参禅なんかする時は玄関からすーっと上がるんですが――そういう老師に特に内参とか、その他、用事のあるときは、その玄関の横に隠侍寮といって――隠寮ではありません――隠侍、つまり老師のお世話をするお坊さんがおる部屋があります。そこに障子がありますが、障子の敷居でですね、敷居のこっちに踏み台があるんですが、その踏み台のところへ手をついて、そして頭をちゃんと下げて「お願いいたします」と、こう言うんです。そうすると、隠侍がその障子を開けて、「どういう用か」ということを聞いて、それでお願いすると、こういうことになる。

そのとき私は、いつものようにそこに手をついて「お願いいたします」と、こう言いましたら、「どなたか」と、こういうふうに言う。それが老師の声なんですね。それから隠侍が、辻だということを言いましたら、隠侍がその障子を開けたんです。見ますと、ちょうど剃髪のときだったんです。頭を剃っておられる。それで身体をぐーっと、こう曲げて、頭を下げて、それで隠侍が老師の頭を剃っておるんです。海老のように身体が曲がっている。その時の「どなた？」と言われた声が、ほんとにこれは鍛え抜いた人の声だなと。こういう思いがしたのであります。こういう、呼吸についての思い出があります。

それからですね、私たちのこの頃の生活というのは、椅子にかけておるときが非常に多いと思うんですが、椅子にかけておるときもですね、自分で直せるような場合、——周りに人がいるとか、そういうときは別ですが——そうでなくて、自分一人であるというような場合はですね、やっぱり時々、自分の姿勢や呼吸を点検するということが、やっぱり私どものような程度の者としては必要だろうと思います。

椅子に腰かけたときというのは、どうも坐ったときのようには、マァ、いわば〝締まらない〟と言いますか、それでもとにかく肛門を閉じて、臍のところ、臍下丹田、そこにずーっと息を吸って、そして臍下丹田、そこから吐くような気持ちで、さらにそれを、椅子に腰掛けたときは、膝から踵、爪先、足心というふうに、ずーっと、こう下げて吐くというようなことを習慣づける。ずーっと下腹に吸い込んで、そして臍ですね、臍の下、臍下丹田から吐く。全身から吸うときは——前に申しましたように——全身から吸って、そして肛門を締めて、ずーっと肛門から、肛門からずーっと、そして臍、それから臍の下、臍下丹田、そこにずーっと心を集中して吐く。それを、椅子に腰掛けているときは、膝、踵、爪先、足心というふうに意識して、ずーっと吐く。そういうようなことを心掛けるのがいいと思います。

なお立ったときのことは――先ほど申しました中にもずっと述べましたが――立ったときは、これは椅子に腰掛けたときよりももっと、こう何か充実した感じのした呼吸ができます。立ったときの工夫の一つですが、ずーっと全身から、肛門を締めて、下腹、臍、臍下丹田にずーっと吸った息を吐くのに、立っているときは、やはり膝を緩めて、膝、踵、爪先、足心というふうに、ずーっと吐く。そして吸う息は、足心からずーっと吸って、踵、膝、肛門というふうに、ずーっと意識して、そして臍、臍下丹田、そこにずーっと心を集中してから吐く。そしてずーっとそれを下へ押し下げて、膝、踵、爪先、足心というふうに吐くというようにして、立ったときの工夫をしたらいいと思います。

とにかく、そういうふうにして呼吸を整えるということを習慣づけるということは禅の修行において、またわれわれの生活を本当に正しくするという上において、また健康という点からも、非常に大切なことだと思われます。

なお、そこにですね、『仏遺教経』と『法句経』の一節をプリントしたものを差し上げておきましたが、これは、ご存じの方も多いかと思いますが、その『仏遺教経』の方を読んでみますと、

「此の心を縦にすれば、人の善事を喪う。之れを一処に制すれば、事として弁ぜずということなし。是の故に、比丘、当さに勤めて精進して、汝が心を折伏すべし。」

この中の「之れを一処に制すれば、事として弁ぜずということなし。」この一句は堯道老師がしばしば口にされたところであります。これは別に説明しなくても、ご覧になればすぐに分かることです。「之れを一処に制すれば、事として弁ぜずということなし。」堯道老師は、よくこの一句を口にされました。

なお、これは私事でありますが、皆さんにお話ししたこともありますけれども、私が中学の三年でしたか四年でしたか、満十三歳か十四歳くらいのことです。今からそれこそ七十年以上前のことですが、その頃の中学校の英語の教科書は、その下の方に、時々、格言が英語で書いてあるんです。それはもう、みな忘れてしまいましたが、ただ一つだけですね、私がずーっと忘れないで心に残っておるのがあるんです。それは、こういうんであります。

The concentration of mind is essential for success of anything.

これは簡単な英語ですが、「精神の統一は何事の成功にも essential である。」「エッセンシャル」というのは、どうしてもなきゃいけない、どうしてもなくちゃならない、ということですね。必須とか、不可欠とか、あるいは本質的だとかいう、エッセンシャル。「いかなる成功にもエッセンシャルである。」必要欠くべからざるものである、本質的なものである、ということ。これは不思議に七十年以上、この一句だけは忘れないでおります。これは、「之れを一処に制すれば、事として弁ぜずということなし」ということと相通ずるわけでありょます。「是の故に、比丘、当さに勤めて精進して、汝が心を折伏すべし。」

その次の『法句経』は、これはご覧になれば、そのまま分かることです。

「小悪を軽んじて以て殃なしとなすことなかれ。水滴は微なりといえども、漸く大器に盈つ。凡そ罪の充満するは小積より成る。

小善を軽んじて以て福なしとなすことなかれ。水滴は微なりといえども、漸く大器に盈つ。凡そ福の充満するは繊々より積まる。」

「小善を軽んじて以て福なしとなすことなかれ。水滴は微なりといえども、漸く大器に盈つ。凡そ福の充満するは繊々より積まる。」マァ、この、今の呼吸の修練についても、このことがまさに言われると思います。そこでここへ、ご参考までにお配りしたわけです。

それでは、今日はこれで終わりといたします。

（平成二年五月四日述）

坐禅の仕方、並びに
行住坐臥の中の禅の工夫

A　坐禅の仕方

それでは、これから「坐禅の仕方」についてお話しします。「坐禅の仕方、並びに〈行住坐臥〉の中の禅の工夫」――それについて詳しくお話しするとなりますと、相当長い時間を要するんです。今はそういう時間はありませんから、その大要をお話ししますから、それを今、しっかりと覚えて、繰り返し練習をされるように……。

禅宗には、『坐禅儀』というものがあるんです。その『坐禅儀』の中に、坐禅をしたときの形は「浮屠の如くならしめよ」と、そういう一句がある。「浮屠」というのは、これはインドの古い言葉なんです。「ストゥーパ」というのを訳した中国の仏教語なんですが、この場合は仏塔という意味です。「五輪の塔」とかいう仏塔。この禅堂の庭にも、鎌倉時代の五輪塔を写して作ったのがありますが、そういうふうに坐ったときの形は「浮屠の如く」にせよと、こういう一句があるんです。

そのための工夫ですが、まず第一に、ズーッと心を両方の膝に置きます。禅宗には「心を置く」という言葉が時々出てくるんですが、これは非常にやさしい表現ですけれども、その内容は非常に難しいことなんで、そこに心を集中し尽くす、それを「心を置く」と、こう言うんです。まず両方の膝にズーッと心を置いて、その次は、お尻のところに心を置いて、その次は、背骨をズーッと上に伸ばして、無理でない程度にズーッと上へ伸ばして。今度は逆に、肩や胸や鳩尾（みぞおち）の力を抜いて、心を左の手の平の上に置くんです、ズーッと。

その『坐禅儀』の中に、「臍腹（せいふく）を寛放せよ」という言葉があるんです。これは非常に大事なことで、最初はちょっと、その要領を得ないかもしれませんが、覚えておいて――「臍腹を寛放せよ」。それは、下腹をちょっと、こう出すような心持ちで。これは、坐禅をやっている途中にも、ちょっとそのことに気をつけて、臍腹を寛放するということ。そうすると、腰から下腹にズーッと力が充実してくるんです。これは、ちゃんと覚えておいて、時々自分を点検する。

その次は、これも『坐禅儀』の中にある言葉で、非常に大事な一句なんですが、「耳と肩と対し、鼻と臍と対す」と言うんです。最初はちょっと要領を得にくいんですが、よく覚えておいて、時々自分を点検するように。「耳と肩と対し、鼻と臍と対す」——これは非常に大事なことなんです。

その次は、これも『坐禅儀』にあるんですが、「舌、上の腭を拄え」——舌を口の中でベロベロしないで、上の歯茎につける。「唇歯相い著けしむるを要す」——歯と唇はちゃんとつけておれと、こう言う。あんまりやたらに歯を噛みしめると、歯が浮いたり、肩が凝ったりすることがありますから、やたらに噛みしめるんじゃないんですが、歯や唇が浮いておっちゃいかん。

その次は、「眼」です。眼は——禅宗では——必ず少し開けておれというんです。他宗ではこう眼を微かにつむるようなふうにするところがありますけれども、禅宗では、眼を閉じることを非常に嫌うんです。『坐禅儀』の中でも、そのことは——この短い文章の中に——その「眼はちゃんと開いて坐れ」ということは、多くの文字を使って言っておられる。これは、マァ、ズーッと坐禅をやって行くと、その意味がよく分かってくるんです。要するに、眼は、マァ、眠くなったら大きく開けてもいいんです。普通は半眼にして……。

その次は、「呼吸」です。呼吸――これは、非常に大事なことなんですが、『坐禅儀』には、このことについて一言も述べてないんです。これは私は、むしろ非常に大事なことだから文字にしなかったんじゃないかと、一応こういうふうに想像しているんですが、そこでですね、この道場では――呼吸については、いろんなことを言ったり書いたりしている人がありますけれども――この道場では一応、天台宗の『天台小止観』、それから『摩訶止観』――これは有名な本で、天台宗は、坐禅というものを非常に熱心にやるところです――その『天台小止観』、『摩訶止観』の中に、呼吸についての示しがありますから、それに従ってやることにしておるんです。『天台小止観』の中には、呼吸を四つの段階に分けて、最後の段階、これを「息」と言うんですが、それはどういうふうな状態かと言うと、「出入綿綿として存るがごとく亡きがごとく」と、そういう状態になるんだと。「出入綿綿として存るがごとく亡きがごとく」と。

最初からそういうふうな理想的な呼吸になることのできる人は少ない。そこで「三法」というもの、三つの方法というものを説明しておるんです。その第一は、「まず心を下に置け」〔「下に心を著けて安んぜよ」〕と言うんです。下というのは——坐禅でしたら——左の手の平の上、あるいは臍、丹田。坐禅でしたら、そういうところにズーッと心を下に置く。

その次は、「全身を寛放せよ」〔「身体を寛放せよ」〕というんです。要するにどこかに、こう力が凝っていないようにせよというわけです。どこでも力が凝っていたら、それを抜いてしまうようにせよと。

その次は、「全身の皮膚の毛口から息を吸うようにせよ」〔「気が毛孔にあまねくして出入し通洞して障礙するところなしと想え」〕と、こういうことを説く。全身の皮膚の毛穴で呼吸せよと。そういう「呼吸の三法」をやっておると、だんだんに呼吸が、荒々しい呼吸から、先ほど言うた「息」という、「出入綿綿として存るがごとく亡きがごとく」と、そういうような状態になってくる。

それから『摩訶止観』の中には——『摩訶止観』は、これは有名な白隠禅師も非常に愛読された本のようですが――その中には、呼吸について、こういう非常に尊い示しがある。それはですね、「息は臍より出でて還り入って臍にいたる。出入は臍をもって限りとなす」と、こう言うんです。「息は臍より出でて還り入って臍にいたる。出入は臍をもって限りとなす。」要するに「臍で息をせよ」と、こういうわけです。その『天台小止観』と『摩訶止観』の示しを結びつけてですね、ズーッと全身から下腹に息を吸い込んで、それを臍のあたりから静かにしっかりと吐く。そういう呼吸法を、ここでやるようにしておるんです。

その『天台小止観』の中には、坐禅というのは「三事を調える」と。

その一は、「調身」――身体を調える。

その二は、「調息」――息を調える。

その三は、「調心」――心を調える。

「調身」「調息」「調心」――この「三事」を調えるのが、坐禅だと、こういうふうに示されておるんです。その「心が本当に調った状態」というのを――禅宗では——「禅定（ぜんじょう）」と言うんです。「本当の正しい禅定はどういうものか」ということ——これがまず、坐禅をする者の探求するところなんです。これは、言葉では言えない。そこで、いわゆる「不立文字」ということになるんです。そこでまず禅宗では、いろんな象徴的な文字をもって、それを示すようにしておるんですが、とかく間違いやすいんです。間違って「これが禅定だ」と思い込む人があるんです。そこで禅宗では、「入室参禅」ということ、師家の室内に入って参禅問答をする、そしてその本当に正しい禅定というものをちゃんと身につけるというように——これは非常に厳しい……。

それで、その禅定にいたるためにですね、臨済宗の白隠門下では、まず最初に「法身（ほっしん）の公案」というものをやるんです。そういうものでズーッと精神を統一して行く。そしてこの「禅定の境涯」を体得するようにさせるんですが、「公案」のない場合はですね、呼吸で心を統一する。呼吸に、心をズーッと集中して行く。そして「呼吸一遍」になってしまうように。なかなか、そうすぐにはいかない場合が多いんですけれども、とにかく呼吸一遍になってしまう。

あるいはですね、その呼吸を数える。一から十まで、あるいは一から百まで数えるということをしてもよろしい。その場合は、数、「一」なら「イチー」という、その数になりきるように。呼吸は自然に、いわばその数についてくるというような心持ちに。

それから、呼吸法について、一つ申し添えておきますが、それはですね、『天台小止観』の中に、こういうことが示されておるんです。坐禅をする一番最初にですね、こういう呼吸をやれと、こう言うんです。それはですね、口をすぼめて、そして息を吐き出せ、そうして、もう全身から、こう吐くような気持ちで。肩からも背骨からも下腹からも腋からも、全身で、……口をすぼめて。そして吸う息は、鼻からズーッと吸うんです。鼻から吸うんです。そういう呼吸法を、坐禅をする時に、最初に三回やれ、一回でもいいと、こういうふうに示されておるんです。これは毎回、いつも坐禅をやる時に。坐禅をしょっちゅうやっていますと、強いて、そういうことをやらなくてもいいんですが、例えば、外を慌ただしく歩いてきて禅堂に入って、そしていよいよ坐るという時には、そういう呼吸法をやる。あるいは家庭においても、自分の呼吸が非常に乱れている時は、そういう呼吸法をやる。しょっちゅう坐禅をやっておりますと、強いて、そういうことをやらなくてもいいと思うんですが、これは覚えておいた方がよろしい。

それからですね、そう深い息をする場合に、肛門をズーッと締めるんです。これは『坐禅儀』にも『天台小止観』にも書いてないんですけど――ヨーガの方で、そういうことを教えておるようですが――これは結果がいいようですから、時にこれをやるように。深い呼吸、肛門を締める。その要領を自分でやっておると、自然に分かりますから。

それから、先ほどの『天台小止観』にはですね、またこういう言葉があるんです。「坐禅というのは、五つの法を調える、五法を調えるんだ」――五法の中の三つは、今の「調身」「調息」「調心」です。後の二つは、一つは「睡眠」、もう一つは「飲食」。坐禅というのは、なかなかエネルギーの要ることなんです。こうただ坐っているようですけれども、エネルギーが満ちておる時でないと、本当の坐禅はできない。そこで、睡眠とか飲食とかというものをよく調えて、それで坐禅をやれと、こういうふうに綿密に示されておる。

なおですね、どんな稽古事でもそうですが、ただこういう所へたまに来て坐るというだけでは、これは身につかないんです。こういう所へ来て、みんなと一緒に錬磨すると同時に、毎日ですね、なるべく朝晩に——時間の量は、その人のいろんな事情がありますから——まあ短い時間でもしっかりと坐る。朝晩になるべく。最初はやはり一定の場所を決めておいた方がやりやすい。

それから、先ほど「立つときの作法が大事だ」と、こういう注意がありましたが、足が痺れたままで立ちますと、転んで——間が悪いと——足を挫いてしまうということがありますから、必ず先ほど言われたようなふうにして、足の痺れを取って立つように。

それから、『坐禅儀』にも示されておりますが、立ってから後、ズーッとこの禅定をですね、守れと。立った後、歩く時も、赤ん坊を守るようにして、禅定を守って行くんだと、こういうふうに示されておるんです。

それじゃ、初めての方は一応立って、ロビーへ行って、そしてロビーでうろうろしていないで、またすぐに入って来られるように。どうぞ。

（昭和五十九年十一月十日）

B　行住坐臥の中の禅の工夫

立った時の工夫です。まず手はですね、右の手を、指をちゃんと揃えて、そして胸に当てるんです。だいたい鳩尾のあたりに。それを左手で上から握るんです。だいたい鳩尾のあたりに当てて。右手の親指で左手の親指を抱えるようにして、フワーッとそれを、あまり押しつけないで、フワーッと胸に当てる。禅宗では、これを「叉手当胸（さしゅとうきょう）」と言うんです。立った時の作法です。

足はですね、禅宗では、踵をつけないんです。踵を少し離すんです。だいたい自分の踵の幅の倍くらいに――概ねですね――離す。踵をしっかりと踏んで、足の親指にズーッと力を入れて、畳にこう食い込むような心持ちで。それをやや緩めて、足の裏の真ん中――それを「足心」と禅宗では言うんですが――そこに、ズーッと心を置くんです。その次は、膝を緩めて、膝から下にズーッと力を満たしめる。これは宮本武蔵が『五輪書』の中で書いておることですが、そうすると自然に、この下腹に気力が満ちるんです。踵を緩めて、踵から下にズーッと力を満たしめる。その次は、これもやはり武蔵が書いてますが、下腹をちょっと前に出せと、こう言うんです。前章の『坐禅の仕方』の時の「臍腹を寛放せよ」ということと同じですね。下腹を前に出す。後は、やはり『坐禅の仕方』の時と同じように、背骨をズーッと上に伸ばして、肩の力を抜いて、「耳と肩と対し、鼻と臍と対し」「耳と肩と対し、鼻と臍と対し」、舌は上の歯茎につけて、「唇歯相い著けしむることを要す」、唇と歯はちゃんとつけて、眼は少し開いて。

呼吸はですね、ズーッと全身から下腹に吸い込んで、それを、立っている時は――白隠禅師がしきりに言うておられることなんですが――「臍輪・気海・丹田・腰脚・足心」と、そういうふうに意識して吐くんです。「臍輪」というのは、臍です。「気海・丹田」は、その臍のちょっと下。「腰脚」は、腰と脚ですね。「足心」は、足の真ん中。ズーッと全身から下腹に吸い込んで、それを、「臍輪・気海・丹田・腰脚・足心」と、こういうふうに意識して吐く。結局、下腹に吸い込んだ息を、踵から「足心」で吐くんですね。ズーッと「足心」のところに心を統一して。

禅宗には、「四威儀、禅観に瞑ず」という言葉があるんですが、「四威儀（しいぎ）」というのは四つの「威儀」。「威儀」というのは、「作法」という意味です。「行・住・坐・臥」——これを、禅宗では「四威儀」と言うんです。「禅観に瞑ず」というのは、それがいつも禅の境涯だ、と言うんです。「行・住・坐・臥」の「住」というのは、立っているということです。まず坐禅が一番の基本ですが、その次は、「立っている時の工夫」というものが大事なんです。

後ほどに、お話ししますが、「動中の工夫」「動く中の工夫」ということを、白隠禅師はしきりに言われるんです。それをしっかりやらなきゃいけない。これは、坐禅だけじゃ駄目なんです。「動中の工夫」——つまり、「現実の生活の中の禅の工夫」ということですね。これは、非常に難しい。白隠禅師も言っておられるように、非常に難しい。そこでまず、この「立った時の工夫」をしっかりやる。これがやがて「動中の工夫」につながって行くんです。「立った時の工夫」をしっかりやるんです。これは、ここではこうしてやるんですが、自分の家ではですね、例えばトイレットの鏡の前とか、あるいは自分の家庭の風呂場なら、その鏡の前とか。銭湯じゃ、ちょっとおかしい。そういうところで、まず朝、マァ、坐禅をして立った時、もちろんこれをやらなきゃいかん。坐禅をして立ってバタバタと出掛けるようじゃ、駄目です。達人になれば、これはもう全然、自由自在ですけどね。まず家庭において、坐禅をして立った時には、幾息でもいいから、この「立った時の工夫」をやる。それから、誰でも必ず朝、トイレへ行って顔を洗ったりする――その時に、幾息でもいいから、やるんです。それから、お風呂でも、まず脱衣する前に、鏡の前でやる。そういうふうにしてですね、習慣つける――これが大事なんです。そして今度は、それが出来るようになれば、それはもう、電車を待つ間でも、何をする間でも、なかなかこれは難しい。難しいが、そうして段々に自由に工夫して行くんです。この「動中の工夫」の基礎になりますから、「立った時の工夫」というのは非常に大事です。

「行・住・坐・臥」の「行」というのは、歩くんです。歩くのは、いっそう難しいんですが、まず呼吸です。

あの非常な名力士の双葉山に、『相撲求道録』という非常にいい本がある。その中に、一時代前の名力士が双葉山関の所に来ておったというんです。そして廊下を歩く力士の足音を聞いて、「ああ、あれは駄目だ」と言ったというんですね。禅宗でも、一山の師匠を――「師家（しけ）」と言うんですが――招くのに、使いに行った者が、そこで歩く姿によって選んだと、こういうことが禅宗の歴史の中にあるんです。そのくらい歩くということは、大事で、また難しい。またその人その人の家風が出るんです。必ずしも人の真似をする必要はないんです。家風が出る。ですけれど、バタバタと歩いとるようじゃ、いかん。

まず呼吸です。それで、その次は、踵をちゃんと踏むということです。これは武蔵も、爪先で動くことを非常に嫌っておるんです。これも、真剣勝負から来てることですからね。今、一般の日本の剣道は、爪先で飛んでますが、武蔵は、これを非常に嫌っておるんです。烏足、飛足とか言って、非常に嫌っておるんです。これは、実は遅い。そして、安定しない。本当の速さということから言うと、遅い。そして、安定しない。

これは余談のようですが、私は、北千島にいる時に――その当時は応召して、将校でしたけれども――軍刀をいつも持っていた。ある時、北千島の占守（しゅむしゅ）・幌筵（ほろむしろ）という、一年中、雪で真っ白なカムチャッカ半島が見えるところに、連隊の本部があって、そこに経理将校として詰めていた。現地自活のために、現地自活といっても北千島じゃ、ほとんど何もできないんです。葉物はできないんです。ジャガイモはできるんです。それで――なかなかそれも、畑はやることは難しいんですけれども――連隊本部から相当遠いところに畑を作ってある。それを見に行かなきゃならん。途中に、石がゴロゴロしている河原がある。そこにだれもいませんからね、誰も見ていない、誰もいないから、それで、その河原の石のゴロゴロしているところで、武蔵の『五輪書』に書いてあることを試してみたんです。そうするとやっぱり、踵を踏んで、踵に力を入れてやるというと、石がゴロゴロしているところでも、身体がちゃんと——この何と言うか——フラフラしないんです。「ああ、これだな」と思った。

今の人は、だいたい皆、爪先で歩いておるんです。チョコチョコ、チョコチョコ。必ず踵を踏むようにして、もちろん爪先も。呼吸を深くして、踵を踏むようにして、そして心持ちですけれども——心持ちのことですが——下腹を出すようにして。要するに、下腹にズーッと気力が充実して歩くということです。

その次は、「行・住・坐・臥」の「臥」ですが——白隠禅師が『夜船閑話』の中でしきりに言うておられる——これは、禅のためにも、健康のためにも、よろしいと。その通りです。その通りです。それで、禅の修行者は、寝るときに、ただぼんやり寝るようじゃ、これは禅の修行者じゃない。必ず寝るときには、「臥禅」というものをやらなきゃ、いかん。これはだいたい、今の立っている時のを上向きにした形です。踵を少し離して、踵を踏んまえて、そして、息をズーッと下腹に吸い込んで、それを——白隠禅師のは、「臍輪、気海、丹田……」と、もっと面倒な唱え方があるんですが——「臍輪、気海、丹田」、そういうふうに意識して吐く。要するに、ズーッと下腹に吸い込んだ息を、踵から足心で吐くようにする。これは、やさしいようで、実はなかなか難しいんです。ですから、やっぱり寝る前に坐禅をしてやるというと、割合にスーッとこう出来るんです。

白隠禅師は、踵を踏んまえよと言っておられますが、私はですね、吸う息の時は、ズーッとリラックスさせてしまうんです。吸う息の時は、もう手も足も、ズーッとリラックスさせてしまう。そして吐く時に、ズーッと踵のところに力を入れる。踵から足心にズーッと。したがって、踵をグーッと踏んまえるような形になる。これは各自に工夫してやっていかなきゃならない。「行・住・坐・臥」ですね。「行・住・坐・臥」に工夫して行く、と。

さらにですね、禅というのは、あらゆる生活が禅であるように心がけて行くんですが——これが禅の修行です——中国の有名な永嘉大師（ようかだいし）の『証道歌（しょうどうか）』という本があるんですが、その中に、「行も亦た禅、坐も亦た禅、語黙動静、体安然」という一句があるんです。「行も亦た禅」――つまり歩くのも禅ですね。「坐も亦た禅」――坐るのも禅。「語黙動静」――「語」というのは喋る、「黙」は黙っとる。「動」は動く。動くというのは、あらゆる生活ですね。あらゆる生活です。「静」は、静かに坐禅をする。「体安然」――体というのは、その場合は身体という意味じゃなくて、心の本体ということです。心の本体――それは安然と。安らかという意味です。要するに、心が動かない、「泰然」としておるということ。「行も亦た禅、坐も亦た禅、語黙動静、体安然。」

『碧巌録』の中には、こういう公案があるんです。「鉢裏の飯、桶裏の水」という（第五十則「雲門塵塵三昧」）。「鉢裏」というのは、鉢ですね。要するに、茶碗の中の御飯、お碗の中のおつゆ――そういう公案がある。食事のときは、御飯なら、御飯になりきる、おつゆなら、おつゆになりきるということです。これは必ずしも、お茶碗の中だけばかりじゃなくて、口の中に入ったものも、それになりきって行くということですね。

これも、『碧巌録』に出ていますが、「十七開士」――「開士」というのは開く、悟りを開くということ――「開士入浴」（第七十八則）と。十七人の菩薩がですね、――その指導をしたのは跋陀婆羅菩薩と言うんですが、これは、インドのお経にあるそれを持ってきて公案にしたんです――お風呂に入って水因を悟るというんですね。お風呂に入って悟ったというんです。「水因」――水の因というんです、それは。入浴することも、これは禅なんです。といって、その中で竹篦面しておるということじゃないですよ。お風呂の中に入って、いい気持ちにもなり、タオルで背中を洗うということをしながら、結局、すべて禅の境涯だ――つまり「身心脱落」と言われるんです。あるいは「無一物」、「本来無一物」とか、「無一物の境涯」――それで、入浴するときにその境涯、食事をするときもその境涯、話をするのも、話を聞くのも、人と応対するのも、本を読むのも、いろんな事務をやるのも、全部この「身心脱落」、つまり「無一物」の境涯でやると、「禅」の境涯でやると――これが、禅の修行なんです。

その一番の基礎になるのが、この「坐禅」です。「坐禅」で、まず「身心脱落」の境涯を。あるいは白隠禅師は「正念」と、「正念工夫」と。同じことです。あるいは「無一物」の境涯を。まず「坐禅」だと。それで、この今の「行・住・坐・臥」に、それを体得するように。そして、あらゆる生活に。マァ、これは言うべくして、なかなか行ないにくい。ですから、私の師匠の堯道老師が「修行は一生のことだ」と言われたのは、そのことなんです。ただ順境ばかりじゃない。心が平安なときだけじゃない。もう逆境、心が曇るとき、不安になるとき、いろいろ乱れるとき、そういうときにも、それを越えて、ズーッと禅定の境涯で――これが禅の修行なんです。「念仏」ということも、「観音行」ということも、結局は同じことです。

それで先ほど申し上げましたように、まずは「坐禅」。それから「立ったときの工夫」、これをしっかりやる。そうして段々に、いわゆる「動中の工夫」「動く中の工夫」というものに及ぶんです。しかし、やっぱり最初から「動中の工夫」というものを心がけなきゃ、駄目です。『坐禅儀』でもですね、立った時には、静かに立つ。「安詳（あんじょう）として起（た）つ。」そして歩くときにも、ズーッと「禅定」をおさめて行け、と。それは、あたかも赤ん坊を抱くようにやれと、こういうんです。これは、最初はなかなか難しいんですけど、しかし、せめて道場の中——これはもう、ちゃんとそういうように努めなきゃ、いかん。道場の中でも、キョロキョロしているようじゃ、いかん。自由を得れば、これはもうまた別です。自由を得た人は、これは、マァ、全然別です。ですから、人のことを批評することはない。人の足下を見とることはない。自分自身の修行をすればよろしい。しかし、とにかく坐禅だけじゃなく、立った後、ズーッと歩くときにも、ズーッとこう禅定を修するように。ですから、手もブラブラと振っても構わないんです。その家風によって、手を振るところもります。どちらでもいいんですけれども、要するに、ズーッと禅定を修して歩くように。

（昭和六十一年三月十五日）

坐禅の仕方とその心得

――日常生活の中の禅の工夫について

〔『帰一』二十七号（昭和四十一年六月発行）に、私は、これと同じ題の一文を寄せました。それは、まことに拙いものではありましたが、会員を始め多くの方々の閲覧を忝くし、ことに、未だ相見の機縁のない著名な禅宗専門道場の某老師から「たまたま『帰一』二十七号を手に入れて読んだが、その中の『坐禅の仕方とその心得』は、禅友の参考となると思われるので、数部送ってもらいたい」という意味のお手紙をいただき、私は、まことに忝く思うと同時に、自らの未熟と拙文の不備を思うて、今さらに慚愧の思いを深くいたしたのであります。

他方、不二禅会を主宰すること二十五年、次いで、不二禅堂堂長の職を委嘱せられましてから満十九年を経て、かなり多くの方々の禅修行の様子を拝見していて、それらの方々が、坐禅や動中の工夫の仕方について、もっと深く研究され、綿密に修練されることの必要を痛感するにいたりました。そして、それらの方々の御参考に供するために、『帰一』二十七号の拙文の不備な点をできるだけ補足して、改めて小冊子とすることを考えたのであります。

もとより浅学・非力な私の如き者のすることでありますから、十分に意を尽くすことは、とうてい難しいとは思われますが、何か一つの職業または学業に就きながら、また通常の家庭生活を営みながら、禅の修行をされようとする方々のために、多少なりとも御参考になればと思い、敢えて、この拙文を公にする次第であります。」

前書き

道元禅師の『正法眼蔵（しょうぼうげんぞう）・帰依三宝（きえさんぼう）』の巻に次のような一節があります。

「仏はこれ大師なるがゆゑに帰依す、法は良薬なるがゆゑに帰依す、僧は勝友なるがゆゑに帰依す。問う、何が故に偏へに此の三に帰するや。答ふ、此の三種は畢竟の帰処にして、能く衆生をして生死を出離し、大菩提を証せしむるを以ての故に帰す。」

即ち仏法は、「生死を出離し、大菩提を証せしむる」ところの「良薬」であるというのであります。「生死」とは迷いであり、「菩提」とは悟りであります。仏法というものは、迷いの生活ないし苦しみの人生を出離して、悟りの世界ないし「大安楽」「常薬」の生活へ入らせるための「良薬」だというのであります。

しかしこの薬は、他の人の手で作られて私たちの口中に与えられるような普通の薬とはちがって、私たち自身が、自らの身心の中で作って、自らの身心に飲ませるところの薬でありまして、その作り方が正しくなくては、「良薬」は得られないのであります。そこで「正法」ということと「正しい法」ということが、やかましく言われるわけであります。

「正しい法」について聞いたり読んだりして、それについて深く思いを致し、さらにそれを練習・修練して自らの身につけ心に染みるようにする。これを仏教では「聞・思・修」の「三慧」と言っておりますが、このようにして始めて「仏法」「正法」が私たちの「良薬」となるのであります。

したがって、禅道の修行におきましては、明眼の「正師」を尋ね求め、親しくその「鉗鎚」「熱喝嗔拳」を受けることが不可欠の要件ではありますが、しかし、坐禅ないし日常生活の中の禅の工夫――いわゆる「動中の工夫」――の仕方については、自ら進んで熱心に研鑽を積まなくてはなりません。即ち先覚

㈱春秋社　電話 03-3255-9611　FAX 03-3253-1384　振替 00180-6-24861
E-mail:info@shunjusha.co.jp

者の言葉や文字を聞いたり読んだりし、それについて深く思いをめぐらし、さらに、それを「修」する、即ち真剣にして根気強い修練——臨済禅師のいわゆる「体究練磨」——を積みかさねることによってこそ、禅の真髄が体解(たいげ)・体得されるのであります。

「剣聖」と称せられる宮本武蔵は、その著述『五輪書』の中で、

「千日の稽古を鍛とし、万日の稽古を練とす。能々(よくよく)吟味有るべきもの也。」
(『水の巻』、岩波文庫版による)

と言い、また、

「朝々時々におこたらず、心意二つの心をみがき、観見二つの眼をとぎ、少しもくもりなく、まよひの雲の晴れたる所こそ、実の空としるべき也。」
(『空の巻』)

などと記し、また「観見二ツの事」という大切な事について述べた一節には、

「かやうの事、いそがしき時、俄にはわきまへがたし。此書付を覚へ、常住此目付になりて、何事にも目付のかわらざる所、能々吟味有るべきもの也。」（『水の巻』）

などと述べ、長い歳月にわたる根気強い稽古、「朝々時々に、おこたらず」「常住」に修練することの必要を力説しております。

十三歳から二十八、九歳までの間に、「六十余度迄勝負すといへども、一度も其利をうしなはず」という天才的な剣客の宮本武蔵も、「その後、なをも、ふかき道理を得んと、朝鍛夕練」の歳月を重ね、五十歳の頃に至って「万事におゐて、我に師匠なし」という境涯に至り、その後、この『五輪書』を書き記したのであります。

このような武蔵の言葉は、禅道の修行者にとっても、そのまま、貴重な教訓として受け取られるべきであると思われます。

白隠禅師の先師である道鏡慧端禅師（正受老人）も、禅門における大偉材の一人でありますが、その正受老人の言葉として、白隠禅師は『遠羅天釜』の中で次のように記しておられます。

「寔に保ち難く、寔に守り難きは、正念工夫の大事なるぞや。末代の悲しさは、人毎に、名聞の心強く、利養の心盛にして、道心ありげに見せかけ荘り立つれども、正念工夫決定の人は得難き事なり。増して、正念工夫相続不断の人を求るに、千人万人が中に一人もなき事なるぞ。老僧、十三歳にして此事あるを信じ、十六歳にして娘生の面目を打破し、十九歳にして出家、三十五歳にして此山に遁居す。今年六十五に向んとす。中間四十年、万事を抛げ下し、世縁を杜絶し、専一に相い守て、漸く五六年来、真箇正念工夫の相続は得たりと覚ゆるぞ。」（『遠羅天釜』巻之中「遠方の病僧に贈りし書」）

この一節中にある「中間四十年」とは、正受老人が、江戸において至道無難禅師から印可証明を受け、その法を嗣がれた二十数歳の時から四十年ほどの歳月の間という意味であろうかと思われます。要するに、十六歳の若さで悟りの眼を開いたような天才的な正受老人でさえも、嗣法の後なお四十年間も孜々兀兀と勇猛精進されて、初めてよく禅道の奥義を日常生活の中で不断に実践できたということであります。

先師の毒狼窟堯道老師も、しばしば「修行は一生の事だ」と言われました。私もすでに満七十九歳を越えましたが、この「修行は一生の事だ」という先師の言葉をしみじみと味わっております。芸道また工芸の名人と称せられる人々の口からも、同様の言葉を聞くことがあります。

初心の人は勿論のこと、やや長く修行した――いわゆる「久参」の――人でも、さらには、一応「ひと通りの修行をすませ」「蘊奥を尽くした」いわゆる「罷参（はさん）」底（てい）の人でも、禅実践についての工夫は、不断に真剣に続けなくてはならないはずのものであると考えられます。

なに事の修練においてもそうでありましょうが、禅の修行において、くれぐれも慎むべきは「慢心」の一事であります。

参考書

坐禅の仕方、また、その心得につきましては、古く中国において編纂された『百丈清規』に『坐禅儀』というものがあり（慈覚大師宗賾撰『禅苑清規』巻第五、宗の徽宗の崇寧二年〔一一〇三年〕）、さらに禅籍の『一鹹味』や『四部録』『十部録』などにも『坐禅儀』があり、これは、時としては『禅宗日課経典』の中などにも収録されております。真に禅を学ぼうと思うほどの人は、これを繰り返し読んで、大切な所は記憶するくらいになりたいものであります。日本曹洞宗の宗祖であられる道元禅師の『普勧坐禅儀』も、この中国から伝来の『坐禅儀』が基礎となって出来たものと思われます。

＊梶谷宗忍老師『禅の語録16　信心銘・証道歌・十牛図・坐禅儀』（筑摩書房）

私は、この『坐禅儀』を基礎とし、これまた中国古典の『天台小止観』（詳しくは『略明開朦初学坐禅止観要門』。関口真大訳注、岩波文庫）や『禅関策進』

（藤吉慈海『禅の語録19　禅関策進』〈筑摩書房〉）、それに白隠禅師の『遠羅天釜』や『夜船閑話』（共に伊豆山格堂訳注、春秋社）、宮本武蔵の『五輪書』（岩波文庫）、川尻宝岑居士の『坐禅の捷径』（『大乗禅』一九七一年十・十一月号）その他の書物から教えられたこと、恩師・古川堯道老師の垂示、また、自らの些やかな体験からの集積、これらのことを総合して幾らかのことを書き記したいと思います。

大悲心と弘誓願

『坐禅儀』の冒頭には、

「夫れ般若を学ぶ菩薩は、先ず当に大悲心を心に起こし、弘誓願を発し、精しく三昧を修し、誓って衆生を度し、一身の為めに独り解脱を求めざるべきのみ。」

と誡めてあります。いわゆる『四弘誓願』とは、

衆生無辺誓願度　衆生は無辺なれども度せんと誓願す
煩悩無尽誓願断　煩悩は無尽なれども断ぜんと誓願す
法門無量誓願学　法門は無量なれども学ばんと誓願す

仏道無上誓願成(ぶつどうむじょうせいがんじょう)　仏道は無上なれども成ぜんと誓願す

でありますが、これこそは大乗仏教者の根本の念願でありまして、「衆生済度」の誓願を忘れて、ただ独り禅定を楽しみ解脱を求めるのは、これは真の菩薩道の人ではないというのであります。菩薩道の要訣は、一方には菩提（悟り）を求めると同時に、他方には「衆生済度」のために身命を惜しまず努力精進することにあります。

『坐禅儀』には、前記のように、

「一身の為めに独り解脱を求めざるべきのみ」

と説かれておりますが、「解脱」とは、煩悩に縛られていることから解き放たれ、迷いの苦しみを脱することであります。これは「涅槃(ねはん)」と共に仏教の実践道の究極の境地を表わす言葉でありますが、「禅定」の別称でもあり、禅定においてこそ解脱が可能となるのであります。

禅定に入り煩悩を解脱するということは、なかなか容易なことではありませんが、私たちが真に禅定に入ることができたならば、その楽しみは、まことに甚深なものであり、それは正に「極楽」であり、その境涯からは、一切の世間の楽しみは儚く空虚なものであり、いわゆる「世間虚仮」であります。

しかし仏教では「解脱の深坑」ということを言って、禅定・解脱にとらわれて、自利利他の行を円満することのできないことを厳しく戒めているのであります。たとえば『大集経』の中には次のような一節があります。

「善男子。譬えば人有って深坑に墜堕するが如く、是の人、自利利他すること能わず、声聞・縁覚は亦復、是くの如し。解脱の坑に堕ちて、自利以て利他に及ぶこと能わず。」(『大集経・不可説菩薩品』)

道元禅師も『正法眼蔵・発菩提心』の巻において、

「たとひ在家にもあれ、たとひ出家にもあれ、あるひは天上にもあれ、あるひは人間にもあれ、苦にありといふとも楽にありといふとも、はやく自未得度先度佗の心をおこすべし。……これすなはち菩提心なり。」

と説いておられます。

「自未得度先度佗（自ら未だ度ることを得ざるも先ず他を度さん）」という心、この大悲心こそが、菩提心であり、大乗菩薩道の根本精神であると教えられているのであります。真の慈悲行にこそ無我の境涯が実現されるのであり、また真の無我の境涯に到れば、おのずから慈悲行が実践されるはずであり、慈悲即無我、大智即大悲でなくてはならないからであります。

上記の『坐禅儀』の冒頭の言葉を読まれる人は、自らがまだ済度されていないのに他を済度しようとするのは、おかしいじゃないかと思われるかも知れませんが、一切衆生の苦悩を見つめ、これをなんとかしなくては、という大慈悲心、大願心があってこそ、実は、禅の修行も本当のものになるのでありまして、真の「自救」ということも、そこから、おのずからに可能となるのであります。その反対に、ただ単に自らの苦悩の解脱を求めて修行したのでは、――そんな小さな心では、真に徹底した修行は不可能であります。

どんなことでも真にそれを修得することは、なかなかの難事でありますが、殊に禅道の修行は決して生易しいことではありません。禅道の修行者は、しばしば、いわゆる「倦魔」のために、その修行を中断してしまうのでありますが、この「倦魔」に打ち勝ち、至難な修行を最後まで継続し退転させないようにするための最も良い最も大切な拍車は、この「衆生無辺誓願度」の「弘誓願」であります。

「一切の衆生病むを以ての故に我れ病む」という有名な言葉が、『維摩経』の「問疾品」にありますが、坐禅というのも、ただ単に自分独りの苦悩解脱のためではなく、一切衆生の苦悩を思うての坐禅、言わば世界苦を背負うての坐禅であってこそ、真の「大乗禅」となりうるのであり、また、このような心構えがあってこそ、長い年月にわたって真実の修行も続けられるのであります。この事は、私自身の貧しい求道の歩みを顧みましても痛切に感ぜられるところであります（拙著『禅の道をたどり来て』〔春秋社〕に記述）。

禅門をたたく一番最初の動機は、たとえ自分自身の小さな苦悩でありましても、坐禅をし、大乗仏教に触れて、この方便、この法門の貴さを知ったならば、「自未得度先度他」の心を奮起させ、この「正法」この「無上道」を、苦しみ悩む一切の衆生に広く伝えようとする「大悲心」を発起すべきであり、この「大悲心」が、ひるがえって、私たち自らの「学道」「行道」を鞭撻し、真実の解脱へと私たち自身を導いて行くのであります。でありますから、前に書き記しましたように、『坐禅儀』の冒頭の第一節は、この事を強調して説いているのであります。真に禅の道を歩もうとする人々は、その長く厳しい求道の旅路の最初において、この事をシッカリと自らに言い聞かせなくてはなりません。

諸縁の放捨と不断の工夫

「乃ち諸縁を放捨し万事を休息し、身心一如にして動静間なかるべし。」

これは、『坐禅儀』の第二節であります。人間は二六時中、いろいろの縁また様々の「事」に縛られ煩わされ通しているのであり、僅かな時間の坐禅も、なかなかできないのが人間生活の常であります。そこで坐禅をしようとする時は、少なくとも、その間は、「諸縁を放捨し、万事を休息する」という覚悟が必要であります――ところが実際には、これが困難であり、そこの禅会とか禅の道場の意味があるのであります。もっとも、いわゆる「百練千鍛」し「正念工夫不断相続」の力を得た人ならば、「諸縁」の中にありながら「諸縁」を超越し、「万事」の中にありながら「万事」を超越するのであります。しかし、この事の実行は、実際には容易なことではありません。ですから普通の人は、やはり、なるべく禅会とか禅の道場の行事に参加されるのがいいと思われます。

次に示されている「身心一如、動静無間」ということは、なかなか難しい事でありますが、熱心かつ真剣に坐禅して行けば、自然にこういう状態になるのであります。恩師の古川堯道老師は、提唱の時、しばしば「頭のてっぺんから足の爪先まで、公案一片になるのだ」と言われ、また「坐とは身体を忘れること、禅とは心を忘れることだ」と言われましたが、坐禅にあっては、先ず、あるいは公案一片になり、あるいは呼吸一片になって、自分の身体も心も忘れるようにするのであります。

『禅関策進』の中には、

「行いて行くことを知らず、坐して坐することを知らず、寒熱・饑餓、悉く皆知らざるに至るべし。此の境界現前せば、即ち是れ家に到るの消息なり。」（天目高峯妙禅師示衆）

と示されておりますが、坐っている時でも歩いている時でも、また「寒熱・饑餓」などの状況の中でも、一切の自意識を超絶して「身心一如、動静無間」の境地に至るように精進するのであります。

永嘉大師の『証道歌』にも、

「行も亦た禅、坐も亦た禅、語黙動静、体安然。」

という一節があります。話している時でも、黙っている時でも、動いている時でも、静かにしている時でも、心の本体は安らかで少しの動揺もないというのです。こういう境涯へ到るためには並々ならぬ修練を要するのですが、これが禅の修行の一つの目標なのであります。

飲食・睡眠など——坐禅以前の生活の調節

「其の飲食（おんじき）を量（はか）るに多からず少なからず、其の睡眠を調（ととの）うるに節せず〔はぶかず〕恣（ほしいまま）にせず。」

これは『坐禅儀』の第三節であります。坐禅をしようとするものは、その飲食や睡眠について特に心を配らなくてはならないのでありまして、多すぎても、少なすぎても、坐禅にはよくないのであります。しかし、飲食は控え目のほうが宜（よろ）しいと思われます。但（ただ）し断食とか徹夜などという極端なことは奨めていないのであります。もっとも坐禅を熱心にやっております時は、睡眠時間が少なくても足りるようになります。これは精神が統一され余計な疲労がないためと思われます。私も三十歳代の元気な頃には、昼間は普通に勤めながら非常に少ない睡眠時間で過ごしたことが、しばしばあったことを憶えております。なお、食事の直後の坐禅は避けるべきであります。もっとも、摂心会（せっしん）の時などは、食事中でも食後でも、常に心を散乱させない工夫が大切であります。十分に出来上がった人は別として、食後に雑談をしているようでは、立派な修行は到底できません。

『天台小止観』の「調和第四」の章には、坐禅についての注意が、やや詳しく記されてありますが、この章は、「五法を調うる」ことを説いているのでありまして、それは、

「一には飲食を調整す。二には睡眠を調整す。三には身を調う。四には気息を調う。五には心を調う。」

というのであります。坐禅をしようとする者は、坐禅の前に飲食や睡眠を調節しなくてはならないと説いているのでありますが、これは飲食や睡眠だけでなく、性生活その他の一切の日常生活についても考えられるところであります。

「修行しゃ（者）はなん女（男）の中をとほさけよ
　火にはつるき（剣）もなまるものなり」

至道無難禅師は「後に人の師ともなるべき人に」と題して、このように詠んでおられます。これとは対照的に、

「ある人、男女のましはりをいむ。
予いはく、仏道にあらす。男女はましはる者也。」

という無難禅師の法語（『龍沢寺所蔵法語』）もありますが、坐禅の真の修行には強烈なエネルギーと清く澄んだ心の状態とを必要とするものでありますから、坐禅する前の日常の生活において乱れや疲れがあっては、坐禅の座についても到底、本当の坐禅はできません。それゆえ『天台小止観』では、坐禅の修行に

入る前の心得として、「呵欲（かよく）」と「棄蓋（きがい）」ということを説いております。

「呵欲」とは、「五欲を呵責すること」であり、

「五欲とは、すなわちこれ世間の色（しき）・声（しょう）・香（こう）・味（み）・触（そく）にして、常によく一切の凡夫を誑惑して愛着を生ぜしむ。若し能く深く過罪を知れば、すなわち之れに親近せず。是れを呵欲と名づく。」

と説き、色欲・声欲・香欲・味欲・触欲の五欲の過罪を知り、それらを呵するようにと説いております。

次に「棄蓋」とは「五蓋を棄てること」でありますが、「五蓋」とは、貪欲（とんよく）蓋・瞋恚（しんに）蓋・睡眠蓋・掉悔（ちょうげ）蓋という五つの「蓋」であって、「五欲」が、私たち人間の「外なる五塵の中に欲を生ずること」であるのに対し、「五蓋」は、私たち人間の「内なる意根に欲を生ずること」を言うのであって、それゆえに、『天台小止観』では、

「行者、端座して禅を修するに、心に欲覚を生ぜば、念念相続して善心を覆蓋し、生長せざらしむ。覚し已らば応に棄つべし。」

と説かれております。

このようなことの仔細はとにかくとして、要するに、坐禅をしようとする者は、坐禅の座につく以前の日常生活を、乱れたもの荒々しいものでなく、正しく調和のあるものとすることが必要であると説いているのであります。

仏教においては「戒・定・慧」の三学ということを言います。これは戒律のある生活によって禅定が得られるようになり、禅定において大智慧が体得されるということであります。「戒」については、仏教においては色々と専門的な教説がありますが、結局は、規律と調和のある中庸のとれた正しい生活ということでありまして、過度や極端や我儘な乱れた日常生活を正しくするということは、坐禅の準備として、どうしても必要なのであります。

しかしまた、坐禅をすれば自然に私たちの心の根本が調いますから、坐禅することによって中庸にして正常な調和のある生活実践の可能性が多くなるのであります。ですから「戒」ということに囚(とら)われ過ぎても宜しくないわけで、禅の道へと心が動いたならば、とにかく先ず、少しでも坐禅をするということが宜しいと考えられるのであります。

坐禅の場所、蒲団、威儀などについて

「坐禅せんと欲する時は、閑静の処において、厚く坐物を敷き、寛く衣帯を繋け、威儀をして斉整ならしむ。」

『坐禅儀』の第四節には、このように説かれてあります。また『坐禅儀』の中には、

「閑処に在って、其の心を修摂し、安住不動なること須弥山の如くせよ。」

という『法華経・安楽行品』の中の一節が引用されております。しかし、禅門には古来、次のような道歌があります。

坐禅すれば四条五条橋の上　往き来の人を深山木にして
坐禅すれば四条五条橋の上　往き来の人をそのままに見て

即ち、閑静な所でなくては坐禅ができないというようなことでは駄目でありまして、白隠禅師なども、「動中の工夫」ということを強調し、真の参禅者とは、どんな騒がしい所でもよく「正念工夫不断相続」のできる者を言うのだ、と説いておられます。しかし、最初から「動中の工夫」をうまくやろうとするのは無理でありまして、初めの間は、禅の修行の「基礎修練」とも言うべき坐禅を比較的閑静な所でしっかりと修するのがよく、ここに禅会とか禅の道場の意義の一つがあるわけでありますが、各自の家庭において坐禅をする時なども、家人から妨げられない場所と時間を選ぶのが宜しいのです。

坐物は、普通の坐蒲団を一、二枚敷き、その上に二つ折りにした坐蒲団を、もう一枚置き、この二つ折りの坐蒲団の上に腰をおろして坐るのです（適当な厚さの小蒲団を、さらにその上にのせても宜しい）。曹洞宗の人は直径一尺二寸ほどの円い蒲団〔坐蒲〕を使います。いずれにしても、臀をあまり深くかけるのは良くありません。なお、坐蒲団の大きさは、趺坐(ふざ)したときに両方の膝が蒲団の上に着く位の大きさが宜しいのです。

着物や帯は窮屈でないようにし、それと同時に服装は端正にし、立ち居ふるまいは正しく整然とするようにと注意すべきであります。「三代の礼薬、緇衣(しえ)の中にあり」などと言われますように、禅門においては、その礼儀がやかましく言われ、僧堂における雲水の礼など、極めて鄭重なことが要求されております。しかし、この事も単なる形式であり虚礼であっては無意味でありまして、一切の存在の究極の根源を窮め、また、人生如何に生きるべきかということについての根本義を学ぶという「一大事」に対する心構え、また、一挙手・一投足の間にも「正念」を相続するという努力精進から、自然にそうなるのでなくてはならないのであります。

調身の仕方

「しかして後、結跏趺坐（けっかふざ）す。先ず右の足を以て左の髀（もも）の上に安んじ、左の足を以て右の髀の上に安んぜよ。あるいは半跏趺坐もまた可なり。ただ左の足を以て右の足を圧するのみ。

次いで右の手を以て左の足の上に安んじ、左の掌（たなごころ）を右の掌の上に安んじ、両手の大拇指の面（おもて）を以て相拄（ささ）え、除々として身を挙（おこ）し、前後左右に反復揺振し、乃ち身を正しくして端坐せよ。左に傾き、右に側（そばだ）ち、前に躬（くぐま）り、後（うしろ）に仰ぐことを得ざれ。腰脊・頭頂・骨節をして相拄え、状浮屠（かたちふと）の如くならしめよ。また身を聳（そばだ）つること太（はなは）だ過ぎて、人の気をして急にして不安ならしむることを得ざれ。耳と肩と対し、鼻と臍と対し、舌、上の腭（あぎと）を拄え、唇歯相い著（つ）けしむることを要す。」

半跏趺坐の時に、ここに書いてあるのとは反対に、右の足を以て左の足を圧しても宜しいのです。ただ両足の膝が蒲団に着くように工夫すべきであります。初めの間は、片方の膝が浮いている人もありますが、坐禅に身体が慣れて行くに従って、両方の膝が着くようになります。そうすると安定します。なお、臀の下の蒲団についても工夫を要します。

できれば結跏の方が勿論、宜しいのですが、半跏でも差しつかえありません。『天台小止観』の「調身」の節においては、「半跏坐」のことを先に記し、次いで「全跏坐」のことが書いてあります。膝関節の病などのために結跏すると却って姿勢のくずれる人もあります。あの偉大な禅僧の大燈国師はいつの頃からか膝関節を傷められ結跏できなかったことは、その示寂（じじゃく）の時の様子によって明らかであります。また、法華寺の維摩（ゆいま）居士像のように、結跏も半跏もしない自由な形のものもあります。禅定力がしっかりしてくれれば、形式から自由になるわけです。しかし坐禅の時は、『坐禅儀』に示されているように行なうのが宜しいのです。

坐禅の時の身相は、「趺坐」のために、身体の底面が広くなり、また身体の重心が低くなりますから、自然に安定と寂静とが得られ易いのです。

婦人の場合はどうかと申しますと、普通の和服などの場合には、日本風に「正坐」して、二つ折りにした坐蒲団をたてにして、それをお臀の下へ敷き、両膝の間を握り拳(こぶし)三つ四つ分くらい離して坐るのが宜しいのです。しかし、この頃の女性の方で洋装の場合には、スカートの幅を広くして男性と同じように「趺坐」する人もあります。インドの古い経典には、女性の「結跏趺坐」することが書いてありますし、婦人もまた「趺坐」して少しも差しつかえないと考えられます。もっとも、日本式の「正坐」でも、「趺坐」の人にもまして立派に、二時間、三時間と坐禅しておられる女性の方を現に私は見ております。ですから坐禅においては、形式は勿論大切ですが、それにもまして緊要な事は、心の在り方であると思われます。

「正坐」の場合も、「趺坐」の時と同様に二つ折りにした蒲団の上に臀部を深くかけてはいけません。またこの時、二つ折りにして臀部の下においた座蒲団の下へ両足の親指を入れるようにしますと、腰をシッカリと張るのに役立ちます。なお、上半身の重心が臀部の前のほうの部分に下りるように、いわゆる「臍腹を寛放する」即ち臍から下の腹部を前方に出すようにし、また「膝を短くして坐れ」という日本古来の言葉のように工夫して「正坐」すると良く坐ることができます。

手の形は、仏像などによれば、いろいろな形がありますが、『坐禅儀』や『天台小止観』に指示されているように「定印」を結んで坐禅したらよいと思います。わたくし自身の若い時の経験では、公案をもって、「見聞覚知」また煩悩妄想を斬って斬って行く時、最後に、なかなか斬り尽くせないものが残る、それを、「八識田中に一刀を下だす」と言われるように、言わば生命がけで斬り尽くす、その時、この「両手の大拇指の面を以て相拄える」という此の「定印」の形式が大切なものであるということが自然に解ったことがあります。

このように両手を重ねる時、左手の人差し指の第二関節が右手の人差し指の

第二関節または第一関節に当たるようにすると宜しいと思われます。なお、手のことが気にかかる時は、左の掌の上に心を置くようにすると宜しい。『天台小止観』には、さらに、重ねた両手を身体に近づけるようにせよと、綿密な注意が記されてあります。

坐蒲団のこと、足のこと、手のことは以上の通りですが、次に、背骨を真っ直ぐにします。『坐禅儀』には、「状浮屠の如くならしめよ」とありますが、この「浮屠」は梵語の stūpa（ストゥーパ）の音を写した仏教漢字で、「塔婆」「浮図」などとも書かれ、塔のことであります。塔には、五重の塔とか、三重の塔とか、また幾つかの石を重ねた五輪塔などがあります。私たちの身体を、両方の膝と臀部とで作られる三角形の底面の上に、腰から背骨、さらに頭の頂きへと、真っ直ぐにして安定感のあるようにせよと言っているのです。

しかし、『坐禅儀』にも注意してありますように、あまり極度に身を聳え立たせると、呼吸が苦しくなることがありますから、この点も気を付けるべきです。

身体を正しくする方法の一つとして、『坐禅儀』では、単に「前後左右に反復揺振し」と説かれてありますが、『天台小止観』の中には、

「まさにその体ならびに諸(もろもろ)の支節を挺動すること、七八反(へん)なすべく、自按摩の法の如くせよ。」

と述べられております。ここに言われている「挺動」とは、身体をまっすぐに、言わば一本の棒のようにして動かすということであります。

背骨を真っ直ぐにしたならば、肩や胸や鳩尾の力を抜いて、それを下の方へ流し下げ、「臍輪・気海・丹田」と言われるところの臍の周辺やそれから下の腹部へと、上半身の力を流し下げる、というような心持ちになります。このような「内観」を繰り返しいたします（「丹田」について『摩訶止観』には、「丹田は臍の下を去ること二寸半なり」と記されてあります）。

それから「耳と肩と対し、鼻と臍と対し」という「内観」を繰り返します。

これによって頭部の位置が正しくなり、また、身体全体が引きしまります。これも、大切な「内観」であります。「耳と肩と対し、鼻と臍と対し」というのは、耳と肩とを向かい合わせる、鼻と臍とを向かい合わせる、あるいはまた、耳と肩とを結ぶ、鼻と臍とを結ぶ、というような心持ちになることであります。

猫背の人は前方にかがまり、鼻のつまる人は後方に仰ぐ姿勢になり易く、また、人によって、それぞれの身体の癖もありますが、とにかく右のような心得をもって坐禅します。

次は、唇も歯も著けるようにし、さらに、舌を上の腭(あご)・齶(あぎと)に著け、口の中の間隙を無くするようにします。この事は、最初の間は、できにくいかもしれませんが、修練をかさねるに従ってこのようになるのです。達磨大師の像などを見ますと、皆いわゆる「竹篦口(しっぺい)」になっておりますが、舌を以て上の腭・齶を拄(ささ)えるようにしますと、自然に「竹篦口」になります。これは呼吸の方法とも関係があって、坐禅における一つの大きな注意点であります。

呼吸について

先師・毒狼窟・堯道老師が、ある日、

「結局、呼吸だ。」

と言われたことがありました。これについて老師は少しも敷衍し解説するということをされませんでしたが、老師ご自身の呼吸の、いつも深々としているのを——不用意な時でも——私は目の当たりに見て、その修練のほどを推察すると同時に、この一語は私の心に深く刻み付けられ、それから数十年間、私にとっては最も大切な垂示（すいじ）の一つとなりました。

正しい呼吸においてこそ、坐禅のとき禅定に入ることもでき、動中の正念相続ということも可能でありますが、その不断の工夫ということは、正に至難の事と思われます。

『坐禅儀』には、呼吸法については特に記してありませんが、『天台小止観』には相当に詳しく呼吸のことが説いてあり、その一節に次のような言葉があります。

「まさに口を開き胸中の穢気(わいき)を吐き去るべし。気を吐くの法は、口の開きて気を放ち、気を恣(ほしいまま)にして出(い)だし、身分の中の百脈の通ぜざる処を悉(ことごと)く放ち、気に随って出づと想え。出だし尽くさば口を閉(とざ)して、鼻中より清気を内(い)れよ。是の如くにして三たびに至れ。若し身息調和せば、但(ただ)一たびにても亦足れり。」

その文中の「胸中の穢気」とか「百脈の通ぜざる処」とかいうのは勿論、形容的表現でありまして、要は、口を開いて下腹部から、また全身から、静かに長くしっかりと息を吐き尽くすようにし、身体の中のどこにもしこりや凝滞の感じのないようにするのであります。

「三たび」ということにも強いて固執しなくて宜しいと私は考えております。その時の状態によって、回数を多くしても少なくしてもよく、また時としては、こういうことを全然しなくても差しつかえはないと思います。

また、『天台小止観』には、呼吸の「四相」ということが説いてあります。それは「一に風、二に喘、三に気、四に息」というのでありまして、風・喘・気は「不調の相」、息は「調える相」であります。

「云何なるをか風の相と為す。坐する時、則ち鼻中の息の出入に声有ることを覚ゆる、これ風なり。云何なるか喘の相。坐する時、息に声無しといえども、而も出入の結滞して通ぜざる、是れ喘の相なり。云何なるか気の相。坐する時、息また声無く結滞せずといえども、而も出入細かならず、是れ気の相と名づくるなり。

息の相とは、声あらず、結（滞）せず麁ならず、出入綿綿として存するがごとく亡きがごとく、身を資けて安穏に、情に悦予（よろこびたのしむこと）を抱く。此れを息の相となす。風を守れば則ち散じ、喘を守れば則ち結し、気を守れば則ち労し、息を守れば則ち定まる。」

このように正しくない呼吸と理想的な呼吸の在り方について説いてありますが、さらに、もしも呼吸が調わない時には、次のような「三法に依る」ことをすすめております。

「一には、下に著けて心を安んず。二には、身体を寛放す。三には、気、毛孔に遍くして出入し、通洞して障礙する所無しと想う。若し此の心を細かにすれば、息をして微微然たらしむ。

息調えば則ち衆患生ぜず、其の心、定まり易し。是れを行者が初めに定に入る時に息を調うる方法と名づく。要を挙げて之れを言わば、渋ならず滑ならず、是れ息の調える相なり。」

『天台小止観』に説かれてある調息の「三法」とは、先ず第一に、心を下に著けて安んずるのであります。下とは、いわゆる「臍輪・気海・丹田」とか、「掌上」とか「足心」とかであります。そこに心を置くのであります。その次は、全身を寛やかに放つという心持ちになり、全身のどこにも凝りや力むことのないようにするのであります。第三には、全身の皮膚で呼吸をするような心持ちで呼吸をするのであります。

白隠禅師の『夜船閑話・巻の上』の中には、呼吸について次のように説かれてあります。

「又、蘇内翰曰く、已に飢へて方に食し、未だ飽かずして先づ止む。散歩逍遥し努めて腹をして空ならしめ、腹の空なる時に当つて即ち静室に入り、端坐黙然として出入の息を数へよ。一息よりかぞへて十に到り、十より数へて百に到る。百より数へ将ち去つて千に到て、此の身兀然、此の心寂然たること虚空と等し。斯の如くなること久ふして一息おのづから止まる。出でず入らざる時、此の息、八万四千の毛竅の中より雲蒸し霧起るが如く、無始劫来の諸病、自ら除き、諸障自然に除滅することを明悟せん。譬へば盲人の忽然として眼を開くが如けん。」

要するに、「出入綿綿として存するがごとく亡きがごとく」「渋ならず滑ならず」、全身から蒸すように呼吸せよと説いているのであります。

なお白隠禅師が愛読されたと推察される天台智者大師の『摩訶止観』には、

「息は臍より出でて還り入って臍にいたる。出入は臍をもって限りとなす。」

という一句がありますが、これもまた呼吸の工夫の上において、忘れてはならない極めて重要な教えであります。

しかし、初心の人では、このように全身で呼吸せよとか、臍ないし丹田で呼吸せよとか言っても、その実行は困難でありましょう。そこで、私の主宰している禅会では、全くの初心の方には一応次のようにお話ししております。

坐禅の最初、呼吸が荒れているような時には、先ず鼻の穴に心を集中し自然に呼吸します。この時、殊更に深くしようとしたり長くしようとしたりすると苦しくなりますから、ただ自然のままに呼吸します。しかし、鼻の穴の所に精神を集中して呼吸しておりますと、次第に深く長い息になります。

呼吸が落ち着き、深く静かになりましたならば、今度は、意識して深く下腹部にまで吸い込むような心持ちで息を吸い、息を吐く時に、いわゆる「臍輪・気海・丹田」また腰部に気力を充(み)たしめながら息を吐くようにし、これを繰り返します。この時、無理に力むのではなくて、息を吐く時、自然に「臍輪・気海・丹田」また腰部に気力が満ちるようにするのが宜しいのです。

このように、最初は鼻の穴に心を置いて、吸う息、吐く息の一つ一つに精神を集中して呼吸し、呼吸が自然に静かに深くなるに従って、今度は下腹部に心を置いて呼吸の一つ一つにシッカリと精神を集中して呼吸するようにします。

こうして、呼吸がいよいよ深く静かになりましたら、次は、上記の『天台小止観』の説示のように、心は下に置いて（「臍輪・気海・丹田」または「掌の上」または「足心」に心を置いて）全身から吸い込み全身から吐き出すようにするのです。そして遂には、臍また丹田の呼吸となるのであります。この場合、呼吸を数えその数に精神を集中する「数息観（すそくかん）」でも、あるいは、ただ呼吸そのものに精神を集中する「随息観（ずいそくかん）」でも、どちらでも宜しいのです。

「数息観」と言いまして、この出入りの息を「一」「二」「三」と十まで数え、また一から十まで数えるというふうに、繰り返しても宜しいし、一から百まで数え、また一から百までと、繰り返してもよく、また「随息観」と言いまして、呼吸を数えずに、ただ、出入の息に精神を集中して「呼吸一片」になるのもいいのです。「数息」の時は「数（かず）一片」になるようにするのです。

このように呼吸観を繰り返し、精神を統一して、遂には「呼吸一片」または「数一片」となり、自分の鼻も腹も全身体もすべて忘れ去って呼吸三昧または数息三昧となります。この事は、なかなか簡単にはできませんが、しかし、根気強く、また、一心に勇猛に努めれば、普通の人ならば誰れにでもできることであります。ただ、根気強く一心に勇猛に只管に、ということが大切であります。

なお、私は時として次のように心を用いて呼吸することもあります。

先ず「耳と肩と対し」という内観をしながら、鼻の穴から静かに息を吸い、それを頭と背骨を通して下腹部に吸い込む、その時、下腹を寛放し、臍が斜め上方に向かうような心持ちになり、さらに肛門を締めるようにして充分に吸い込む。それから「鼻と臍と対し」という内観をしながら、臍から吐くような心持ちで、静かに息を吐き出す。

私どもの禅堂へ来られる人の中で、このような呼吸法を私から聞いてやってみたところ、それから坐禅が、たいそう楽になったと言っている人もあります。

立っている時、このような呼吸法をする時には、息を吐く時に、白隠禅師のいわゆる「腰脚・足心」と、脚から下の方へ、そして足の裏の中心から吐き出すようにします。

入浴の前などに、このような立った姿勢での呼吸法をやりながら、下腹部を指で押してみるならば、白隠禅師のいわゆる「篠打ちせざるまりの如く」に、そこに強い弾力の充実しているのを感ずるのであります。

天台智者大師の『摩訶止観』の第七章『正しく止観を修す』の中に「治病の方法」という一節があり、その中に、

「つねに心を足に止むれば、よく一切の病を治す。……（中略）……心を足に止むるを最も良治となす。いまつねにもちいて、しばしば深益あり。」

（岩波文庫版による）

という言葉があります。この言葉は、後段に述べる「『住（とどまる）』の時の工夫」とも深い関係がありますが、白隠禅師が『夜船閑話』や『遠羅天釜』で説いておられる内観の法の源泉であるとも考えられ、呼吸法に関連して、常に想起されるべき貴重な一語であると思われます。

目の在り方

「目は須らく微かに開き、昏睡を致すことを免かるべく、若し禅定を得れば、其の力、最勝なり。古え、習定の高僧、坐して常に目を開く。向きの法雲の円通禅師もまた、人の目を閉じて坐禅するを訶して、以て「黒山の鬼窟」と謂えり。蓋し深旨あり、達者これを知るべし。」

目を閉じて坐禅することについて、『坐禅儀』は、このように多くの文字を用いて厳しく戒めております。これも大切な注意であります。『冠註十部録』の編註者の町元呑空師は、この一節に註して、次のように言っています。

「其の閉目を禁ずる、豈に但、古えの一りの習定の高僧と円通禅師とのみならんや。此れ即ち宗門伝来の真訣なり。」

これはまことに好い註であると思われます。真の禅定は単に「黒漫漫（こくまんまん）」の境地ではないからであります。

「非思量」と「内外打成一片」のこと

「身相既に定まり、気息既に調うて、然して後、臍腹を寛放し、一切の善悪すべて思量することなし。念起らば即ち覚せよ。之れを覚すれば即ち失す。久久にして縁を忘ずれば自ら一片となる。此れ坐禅の要術なり。」

ここに「臍腹を寛放し」という注意がありますが、これもまた、まことに大切な心得の一つであります。「臍腹を寛放」することは、即ち、腰や背骨が真っすぐに立つことであり、腰部に力が充実することであります。昔から「腰が強い」とか「腰が弱い」とか「腰抜け」とかと言います。人間の腰と気力とは深い関係があるのであります。

『坐禅儀』では、最初から「腰を張る」ことを求めず、「身相すでに定まり、気息すでに調うて、然して後」と言っている点も、また充分に注意して読まなくてはなりません。もっとも坐禅に習熟すれば、坐禅の最初から「臍腹を寛放し」、腰をシッカリと張ることができます。

次は、「一切の善悪すべて思量することなし」でありますが、坐禅の時は、是非・善悪の思量分別を一切放下するのであります。

六祖慧能禅師は、

「善を思わず悪を思わず、正にその時、なにものか是れ汝が本来の面目。」

と言われたとのことです。是非・善悪・利害・得失・生死などの一切の有限・相対の世界の事を超越して無限・絶対の「本来の面目」を究明しようとするのが、坐禅の宗教的な目的の一つであります。

道元禅師の『正法眼蔵・坐禅箴』の冒頭には、次のような薬山惟儼禅師の言葉（景徳伝燈録・巻十四）が引用されてあります。

「薬山弘道大師坐する次いで、有る僧問う。兀兀地なにをか思量する。師云わく、箇の不思量底を思量す。僧曰く、不思量底如何んが思量せん。師云わく、非思量。」

また『正法眼蔵・坐禅儀』の中には、次のように説いてあります。

「兀兀と坐定して、箇の不思量底を思量するなり。不思量底、如何んが思量せん。これ非思量なり。これすなはち坐禅の法術なり。」

「非思量」とは、思量分別・一切の価値判断また見聞覚知を超越することであります。しかし、それは単に思量分別をしないとか、見聞覚知しないとかいうことではありません。思量分別を超越しつつ、しかも思量分別し、見聞覚知を超越しつつ、しかも見聞覚知するのが真の「非思量」であります。それゆえに、黄蘗断際禅師は、その『伝心法要』の中で次のように説いておられます。

「本心は見聞覚知に属せず、また、見聞覚知を離れず、……見聞覚知を離れて心を覓むること莫かれ、また、見聞覚知を捨てて法を取ること莫かれ、即せず離れず、住せず著せず、縦横自在にして、道場に非ざることなし。」

また、至道無難禅師は『自性記』の中で次のように言っておられます。

「凡夫のあやまり、ここにあり。無一物ならば見聞覚知あるまじと思ふ。聖人は、見聞覚知、直に無一物なり。ここをよく心得べき事也。」

ここに言う「本心」とか「心」とかは、有限・相対の思量分別・見聞覚知ではなくて、無限・絶対の「本来の面目」における「心」であり、「本来無一物」と言われるような絶対の境涯における「心」であり、「非思量」の「心」であります。このような心は、有限・相対の思量分別や見聞覚知そのものであはありませんが、しかしまた、「見聞覚知を離れず」で、それを離れて他に在るものでもありません。この「不即・不離」の関係、さらに、「見聞覚知、直に無一物なり」ということを体解・体得することこそは、正に禅の要諦であり、これはなかなかの難関であります。それだけに、この点は文字や言語では、どうしても説き明かすことのできない所でありまして、自ら実参・実悟し、「自知」するより他はないのです。

この要諦に到るための方便として、『坐禅儀』には「念起らば即ち覚せよ〔「州云く、無」〕。之れを覚すれば即ち失す。久久にして縁を忘ずれば自ら一片と成る」と示してあります。

私たちが坐禅をしておりますと、いろいろの思量分別・見聞覚知・煩悩妄想が、あるいは外から来たり、あるいは内から起こります。この思量分別・見聞覚知・煩悩妄想を、あるいは呼吸によって、あるいは数息によって、あるいは公案によって、斬って斬って行くのであります。そして遂に斬り尽くして「三昧」に到るのであります。もっとも「斬る」と言っても、それらの煩悩妄想・

見聞覚知に対して斬りかかるのでは決してなく、公案・呼吸などと「一片と成る」ことによって、自然に斬れるのであります。

それゆえ、禅門には「一斬一切斬」などの言葉があり、また「刀」とか「剣」とかという文字も多く用いられますが、それと同時に「煩悩妄想・見聞覚知と相撲をとってはいけない」などとも言われます。

この「自ら一片と成る」に関連して、『無門関』においては、趙州(じょうしゅう)和尚の「無」を評唱する言葉の中に次のような一節があります。

「透関を要する底ありや。三百六十の骨節、八万四千の毫竅(ごうきょう)をもって、通身に箇の疑団を起こして、箇の無字に参ぜよ。……久久に純熟して、自然に内外打成一片(ないげたじょういっぺん)ならば、唖子の夢を得るが如く、ただ自知することを許す。」

「無」「須弥山」「本来の面目」その他、いろいろの公案が禅門にはありますが、「無」ならば、全身「無」になりきり、「一切の声色・五欲・八風、皆入ることを得ず」（『禅関策進』）と言われるほどに、綿綿密密に一心勇猛に「無」一片になるようにするのです。こういう努力精進を根気よく「久久に」継続し積み累ねて行きますと、遂には、心機一転して、その「無」をも超え、「内外打成一片」、即ち見るものと見られるもの、聞くものと聞かれるもの、主と客、内と外とが、その相対性を脱落して「一片」の境涯になります。

この「一片」の境涯は、唖の人が夢を見たのを話そうとしても、できないように、文字・言語には表現できない、ただ「自知」するのみであります。『坐禅儀』には、

「ただ肯心を弁ぜよ、必ず相賺（あいあざむ）かざれ。」

と説かれてあります。この「内外打成一片」の境涯は、「父子不伝」とも、「仏

祖不伝」とも言われるところのもので、「肯心、自ら許す」の他はなく、「自知」するの他はないのです。しかし、邪路・魔道に陥ることを恐れて、禅門では先覚者の厳正な証明を受けることになっております。「入室(にっしつ)参禅」「問答商量」の最も大切な意味は、ここにあります。

魔事と正念相続

以上の言葉の他に、『坐禅儀』には次のように説いてあります。

「しかして道高ければ魔盛んにして、逆順万端なり。ただ能く正念現前せよ。一切留礙すること能わざれ。」

東嶺(とうれい)和尚撰述の白隠禅師の年譜によれば、禅師数え年二十四歳にして正受老人のもとにおいて大悟されて後のこと、正徳五年、禅師三十一歳の春三月、「山林に秘邃の地を求めて、専ら道根を養い、死を以て期(ご)と為さんと欲し」美濃の国の虎渓山をめざして上られました。その時ある人が「巌滝山は四方が遠く塵を絶しており、そこには、ただ一つの草房があるから、宴禅の地としては、もっとよいだろう」と言いました。そこで禅師は、この巌滝山に上り、そこで独坐していると、ある日の真夜中のこと、人の足音がして戸が開き、身の丈七八尺の苦行の山士が入って来て、高声に「鶴公」と呼びました（禅師の諱は慧鶴）。しばらくしてこの山士は去って行ったが、禅師が座から立って見るに、「関枢故の如く、曽て出入の跡無し。方に知る、非常の人の来たりて操履を窺うことを」と、このように年譜には記されております。また禅師は、この頃、毎日小さな木魚をたたいて誦経諷咒して以て定慧の助けとしておられました。すると、一夜、空中に天楽を聞かれ、「之れを聴けば愈々好し」でした。しかし、あらゆる形相の有るものは皆是れ虚妄なりと観じて、一切それにかかわらず、このようにすること六七夜、「定中、忽然として是れ唯心造なりと覚知す。山中、寂然として諸声の塵無し」と、このように年譜には記されてあります。

禅師、後に大衆にいわれた。「禅定を修むる者は預め此の事を知るべし。深山の独居、多く魔魅に遇う。……（中略）……経に曰く、内魔動ずる時、外魔便りを得るとは是れなり」と。

蒼龍窟・洪川老師の法嗣であられる川尻宝岑居士の『坐禅之捷径』の中の「坐禅中の境界」の中に、魔境について次のように述べた一節があります。

「扨又ここに一種特別の境界が有る。修行者の一心堅固にして、公案三昧に入て、更に余念の動かざるが如き時に在て、忽然と場中震動して大地震の揺るが如くに見えるやうな事も有る。或（い）は目前に二間四方の大穴が有るが如く見えたり、或（い）は知らぬ老夫が目の前に坐するが如く見えたり、或（い）は金箔の仏が見えたり、光明がかゞやくと見えたりするやうな希有な境界の現ずる事が、マアめったには無いが、まれには無いともいへぬのじゃ。万一こんな境界が現じたからと言て、決して驚く事は無いので、是（れ）亦、魔境といふのである。畢竟、一心の作用で有て、不思議な事でもなんでも無いのじゃ。夫故、如何なる境界が現じやうとも、其（の）現境に取合はず、一心の勇気を以て工夫精進するときは、忽ち魔境は消散して仕舞うので有る。もとより虚妄なものと承知して、取合はぬのが肝要で有るのじや。」

このことを『坐禅儀』では、上記のように簡明に説いているのであります。

私自身のささやかな体験でも、数え年三十四歳の秋十一月、見性悟道する少し前のこと、坐禅に熱中している時でありましたが、鎌倉の円覚僧堂で三日間摂心会に参加し、早朝から夜おそくまで、時間の過ぎるのも忘れて、いくらか熱心に坐禅しての帰路、電車の中で、椅子の横木からも他の人の額からも、その他、私の視線のとどまるすべてのものから、光がかがやき出るのを見たことがあります。

そして、その夕方、東京杉並の家に帰った時は、どういうわけか分かりませんでしたが、歓喜が身体中に満ちあふれてきて、家の中じゅうを、文字通り「手の舞い足の踏む所を知らず」と言われるように踊り廻ったことがあります。「これは変だな」と思って、私は、すぐに円覚寺へ引きかえし、その翌朝、堯道老師に参禅しましたが、「歓喜のある間はまだ駄目だ」という老師の一言によって、これらすべての魔境は奪われたのであります。

白隠禅師門下の高足であられる東嶺和尚の『宗門無尽燈論』の『現境第三』には次のように説かれてあります。

「学道の人、定力漸く熟せば、則ち煩悩稍々に微薄にして、勝相時々に現前す。是を善境界と謂う。是の時に当って、或いは法空の見を生じ、或いは一味平等の見を生じ……（中略）……其の定力に随って種々の見を起す。楞厳経に曰く、『汝等有学の縁覚・声聞、今日廻心して、大菩提・無上妙覚に趣く。吾れ今、已に真修行の法を説く。汝、猶未だ奢摩他・毘婆舎那（「止観」のこと）を修するに、微細の摩事を識らず。魔境現前するとき、汝、識ること能わずんば、心を洗うこと正に非ずして邪見に落ちん。或いは、汝が、陰魔（「五陰」即ち身心の中の魔のこと）、或いは復、天魔（第六天の魔王のこと。常に仏道に障礙をなすもの）、或いは鬼神に著かれ、或いは魑魅（山林の気から生ずる怪物のこと）に遭わんに、心中明かならずんば、賊を認めて子と為さん』……（中略）……

悲しい哉、今時の学者、多く現境を認めて、錯って証悟と為す。故を以て魔党少なからず。……（中略）……

円覚経に曰く、『若し諸の衆生、善友を求むと雖も、邪見の者に遇うて、未だ正悟を得ず。是れを名づけて外道種性と為す。邪師の過謬なり、衆生の咎に非ず』と。……（中略）……

是の故に、道人は先ず須らく魔事を弁ずべし。只其の所見、毫頭許りも仏と異ること有るは、皆是れ外道の見解なり。只審細に諦観して容易の見を生ずること莫かれ。五逆の罪は、畢竟して免脱の期あり。邪見の報は、永劫に出期あること無し。恐れても恐るべきは邪師の説法なり。一念薫(くん)習(じゅう)すれば、長く仏種性を滅す。」

東嶺禅師は、このように仏典の言葉を引用しつつ、魔境・魔事・魔党にとらわれて正覚に到ることのできないのを厳しく戒めた上、『現境第三』の巻を次のような言葉で結んでおられます。

「又百丈大智禅師曰く、『仏性の義を知らんと欲せば、当に時節因縁を観ずべし。時節既に至たらば、迷いの忽ち悟るが如く、忘るるが忽ち憶するが如し。方に己が物を省みるに、他より得ず』と。

学者、但本参の話頭を把って、切に精彩を著けよ。他日異日、自然に現前せん。

譬えば辺鄙の人の、始めて王都に到らんと欲して、纔(わずか)に中国に出づるときは、則ち或いは駅路の坦平を見、或いは館舎の宏麗を見、或いは城郭の雄偉を見て、本未だ曾て見ざる所、妄りに眼目を動じて、錯って王都の想いを生ずるが如し。只先達の明師を尋ねて、半路に停らず、直に潼関（洛陽方面から唐代の首都・長安に通ずる道の要地のこと）を過ぎって、王都に入得して、臣殿に著せず帝室を認めず、親しく龍顔を見て、始めて諦当と為さんのみ。」

悟るということは、時節因縁によるものであるが、同時に、どこまでも自分自身の正しい真剣な骨折りによるのであって、他より与えられるものでは決してない。そこで学人は、ただひたすらに、本参の話頭・公案において熱烈な工夫をなすべきであって、その工夫が純熟すれば、自然に現前するのである。

たとえば、片田舎の人が、始めて王都に到ろうとして、国の中央部に足を踏み入れてみると、片田舎には無かった色々の「宏麗」また「雄偉」な事物に出会って、あやまって王都へ来たと思うようなものである。

そこで、禅の修行において極めて大切なことは、「先達の明師を尋ねて」、「柔和質実」の心をもって、その指導に従い、真剣に本参の話頭・公案の工夫をかさねて、「親しく龍顔を見る」まで、勇猛精進すべきであるというのであり、このようにして、現境・魔境・魔事を超越して無上の正覚を得よと戒めているのであります。

前段にも引用しましたが、『坐禅儀』には、

「しかして道高ければ魔盛んにして、逆順万端なり。ただ能く正念現前せよ。一切留礙すること能わざれ。」

と簡約して説かれておりますが、この「魔」について『天台小止観』の『覚知魔事第八』の章においては、

「つねに衆生の善根を破壊して生死に流転せしむるをもって事と為す。」

と規定し、諸種の「魔事」について縷々と述べた後、結局は「魔事衆多なり、説けども尽くすべからず」と言い、

「要を取ってこれを言わば、もし邪を遣って正に帰せんと欲せば、まさに

諸法の実相を観ずべし。よく止観を修すれば是れすなわち邪として破せざるは無し。」

と説いてあります。「止・観」とは、「定・慧」則ち「禅定・智慧」と同じであり、この一節の内容は、『坐禅儀』の「ただ能く正念現前せよ」と同じであると考えられます。

ただ「魔事」だけでなく、禅門では、「好事も無きに如かず」と言って、「見性悟道」とか「大悟徹底」とかという「好事」でも、それに囚われること、それに留礙することを厳しく戒めているのであります。それゆえに白隠禅師の法系上の祖父である至道無難禅師も、『即心記』の中で次のように言っておられます。

「道を修する人、千万人に一人も、道を知る人ありとも、わがものにする人なし。わが物にする人あれども、それをす（捨）つる人なし。」

また次のようにも詠んでおられます。

「なにごとも凡夫にかわる事はなし
　仏祖といふも大魔なりけり」

この道歌と同様のことを、『臨済録』では次のように言っております。

「仏は是れ幻化の身、祖は是れ老比丘（びく）。你、還た是れ娘生（にょうしょう）なりや。你、若し仏を求むれば、即ち仏魔に摂せられん。你、若し祖を求むれば、即ち祖魔に縛せられん。你、若し求むること有れば皆な苦なり。如（し）かず、無事ならんには。」（示衆）

仏祖というものは、仏教者にとっては帰依の対象であり、至上に尊貴なものではありますが、しかし本来、それらはわれわれ同様の人間的存在であるということを忘れて、それらに囚われ、自己自身の外にそれを求めるならば、それらは、あるいは「仏魔」となり、あるいは「祖魔」となるというのであります。それゆえに、『臨済録』では次のように説かれているのであります。

「你、如法に見解(けんげ)せんと欲得(ほっ)せば、但だ人惑を受くること莫かれ。裏(うち)に向かい外に向かって、逢著すれば便ち殺せ。仏に逢うては仏を殺し、祖に逢うては祖を殺し、羅漢に逢うては羅漢を殺し……（中略）……始めて解脱を得ん。」（示衆）

仏も祖も羅漢も、仏道においては極めて尊いものではありますが、それに囚われ、それに執着すると、それは「魔」となってしまう。それゆえに「殺せ」というのであります。ここで言うところの「殺す」とは、自らの囚われ・執着の結果としての「仏魔」「祖魔」を殺すということであります。

また、『百丈大智禅師広語』の中には次のような言葉があります。

「若し、四弘誓願を発し、一切衆生を度し尽くし、然して後に、我れ始めて成仏せんことを願う。是れ菩薩法智魔なり。誓願、相捨てざる故に。若し、斎戒を持ち、禅を修し、慧を学す。是れ有漏の善根。縦然として道場に坐し、現に等正覚を成ずることを示し、恒沙の数の人を度し、尽く辟支仏果を証せしむ。是れ善根魔なり。貪著を起こすが故に。」

四弘誓願を発し、一切衆生を度し尽くそうと願うとか、斎戒を持ち、禅を修し慧を学すとか、従容として道場に坐して等正覚を成じ、無数の人をして悟りを開かしめるというような——そのようなことは、まことに貴いことではありますが——そんな貴いことでさえも、そこに一点の執着の心があったならば、また、「自分はこうした」とか「自分はこうしている」とかというような自意識があったならば、それらは皆、魔事となるというのであります。

「如何（いか）んか菩提心を発さん」という問に対して、百丈大智禅師の法嗣である黄檗断際禅師は、

「菩提は無所得なり。你、今、但、無所得の心を発して、決定して一法も得ざる、即ち菩提心なり。」（『宛陵録』）

と答えています。即ち禅道においては、一切の「有所得」の心の否定が厳しく求められております。

「どんな好い事でも、それに囚われてはいけない」「一切を超越せよ」と先

師・毒狼窟堯道老師は私の面前で言われました。

まことに厳しい戒めであります。

道元禅師も『正法眼蔵・現成公案』の中で、

「悟迹（ごしゃく）の休歇（きゅうかつ）なるあり、休歇なる悟迹を長長出（ちょうちょうしゅつ）ならしむ。」

と言っておられます。禅門においては、長い年月の間苦修して到達した「悟り」さえも、それを捨て去り、その「悟り」を超えて行く、いわそる「蹤（あと）を掃い、蹤を滅す」で、悟ったらその後は、悟りの「さ」の字もないように、いわゆる「両忘」の境涯へと修行するのです。これが禅道の厳しさであり、また貴いところであります。

「耕夫の牛を駆り、飢人の食を奪う。」

という禅語があり、これは禅門における師家の働きを形容した一語でありますが、禅道においては、迷いをも、悟りをも超越して、ひたすらに「正念」を相続することを最も大切とするのです。それゆえ『宝鏡三昧（ほうきょうざんまい）』も、

「潜行密用(せんこうみつゆう)は、愚の如く魯(ろ)の如く、ただ能く相続するを主中の主と名づく。」

という言葉で結ばれております。

白隠禅師が『遠羅天釜』の中で、口を極めて強調しておられるところも、「正念工夫不断相続」ということであり、白隠禅師の高足であられる高嶺禅師も、その著『宗門無尽燈論』の最後の章の『行持論』の冒頭には、

「正念工夫は無上の行持なり。」

と説き、また、

「三世の諸仏ただ正念工夫の端的を証し、歴代の祖師ただ正念工夫の端的を伝う。」

と言い、「正念相続」の一事の貴いことを力説しておられます。しかし、どのような状態が真の「正念相続」であるのか。真の「正念」の内実を真に体解・体得すること、これが難事であります。真の「正念」の体解・体得、これはやはり、明眼（めいげん）の正師に信従して真摯に学道してこそ、初めて得られるところであります。「無師独覚は天然の外道」という言葉がありますが、「柔和質実」な信従の心と、一心勇猛の精進がなくては、正しい証悟に至ることは不可能であると思われます。

出定の際の注意と「動中の工夫」について

『坐禅儀』には、さらに次のように説かれてあります。

「もし定を出でんと欲せば、徐々として身を動かし、安詳として起ち、卒(そ)暴(ぼう)なることを得ざれ。

出定の後も、一切時中、常に方便を作して定力を護持すること嬰児を護(まも)るが如くせよ。即ち定力成じ易し。」

禅定から出る時の注意について、『坐禅儀』には、上記のように簡約して述べられてありますが、『天台小止観』には、次のように微細に記されておりま す。長い時間シッカリと坐った時には、このような注意に従うことが必要であります。そうでないと、頭痛その他の病状におちることがあります。

「もし坐禅まさに竟(おわ)らんとして定を出でんと欲するとき、まさにまず心を放って異縁し〔公案とか呼吸に集中していた心を他の対境に向けること〕、口を開いて気を放ち、息が百脈より意に随って布散すと想うべし。しかる後に微微に身を動かし、次に肩・胛及び手・臂・頭・頸を動かし、次に二足を動かして、ことごとく柔軟(にゅうなん)ならしめ、しかる後に手をもって遍く諸の毛孔を摩し、次に掌を摩して暖かならしめて、もって両眼を掩(おお)い、しかる後に之れを開き、身の熱汗のやや歇(や)むを待って、まさに意に随って出入すべし。」

『天台小止観』には、「禅に入るとき三事を調う」ということが説かれておりますが、この「三事を調う」とは、第一に「身の宜しきを調える」のであり、第二に「息を調える」のであり、第三には「心を調える」のであります。そしてこの「三事を調える」ということは、出定の時にもまた必要であるが、出定の時は、入定の時とは逆に、まず「心を放ち」、次に「息を布散し」、それから「身を動かす」ようにと説いているのであります。このように、出定の時に「三事を調える」ことによって、頭痛や目まいなどを起こすことを防ぐことができると同時に、「静中（じょうちゅう）の工夫」によって養われた定力を「動中」においても持続する上に大いに役立つのであります。

坐禅は、いわゆる「静中の工夫」であります。これは、禅の修行における基本であって、修行者はまずこれから入るのでありまして、これはもとより極めて大切なことですが、しかし、この「静中の工夫」に囚われていては、真の禅定力はできないのであります。

かつて私の若き日のことでありますが、先師・堯道老師に、

「禅定力を養うには、坐禅をシッカリやれば宜しいのでしょうか。」

と、おたずねしたところ、老師は「フン」と鼻を鳴らして、私の質問を一蹴されたことがあります。

堯道老師は、数え年十六歳で松江・万寿寺の大航老師について参禅を始められてから、岡山県井山の宝福寺僧堂の九峯老師の会下で見性される二十歳の時まで、坐禅に熱中して、夜でも衣をぬがずにすまされたことが多くあったと聞いております。そのような老師が、このように私の質問に応答されたのであります。老師は、その時、一言も敷衍も解説も加えられませんでしたが。

白隠禅師も、「動中の工夫」は非常に難しいが、しかし、これこそが真に大切であるとし、『遠羅天釜』の中でも、

「さるほどに大慧禅師も、動中の工夫は静中に勝る事百千億倍すと申し置かれ侍り。」

などと言うておられます。

白隠禅師の法系上の祖父にあたる至道無難禅師も、坐禅について次のように詠んでおられます。

一切の経は仏のをしへなり
　ざぜんは　ぢき（直）に仏なりけり
いきながら　ちくしやう（畜生）となるしるしには
　ざぜんの床にをられざりけり
いきながら　仏となれるしるしには
　ざぜんの床にをらぬなりけり
せぬ時のざぜんを人のしるならば
　何か仏の道へだつらん

「坐禅は直に仏なり」で、真の坐禅はまことに貴い成仏の道ではあるが、しかし、その形に囚われては駄目であって、生きながら仏と成った人は実は坐禅の床にはいない。坐禅という形式を離れた坐禅が真に身についたならば、その人こそが仏である。このように説いておられるのであります。

『禅関策進』の白雲無量禅師の『普説』には、

「二六時中、話頭に随って行き、話題に随って住まり、話題に随って坐し、話頭に随って臥し、心、棘栗蓬〔いばら、からたち、栗のいが〕の如くに相似ば、一切の人我・無明・五欲・三毒等に呑啖せられず、行住坐臥、通身是れ箇の疑団。疑い来たり疑い去り、終日、獃舂舂地〔愚の如く魯の如くの意〕にして、声を聞き色を観て囫地一声を管取し去ること在らん。」

という言葉があります。「話頭」とは、「無」とか「須弥山」などの古則公案のことでありまして、「無」が行き、「無」が住まり、「無」が坐し、「無」が臥すというようになるまで、一心に勇猛に話頭になりきるならば、「古人もまた、聞声悟道・見色明心」と言われるように、あるいは声を聞くとか、あるいは色を見るとか、なにかの機縁によって「囫地一声」、ハッと悟ることがあると説いているのです。

「十二時中惺惺として、猫の鼠を捕うるが如く、鶏の卵を抱くが如く、間断せしむること無からんことを要す。」(『禅関策進』蒙山異禅師示衆)

などとも説かれてありますが、一旦は「通身是れ箇の疑団」と、先ず公案一片になりきるのです。しかし、これではまだ、いわゆる「百尺竿頭に坐する底の人」の境涯であって、ここからさらに「心機一転」し、「百尺竿頭に歩を進め、十方世界に全身を現ずる」のでなくては、真の「正念」の境涯ではないのです。公案一片または数息一片、呼吸一片と、徹底的に公案なり数なり呼吸なりに成りきって、自らの身心を脱落し、さらに、その公案または呼吸をも超越するのです。ここに真の「正念」があります。この「心機一転」は極めて大切な事でありまして、禅がいわゆる「野孤禅」に堕するのも、この真の「心機一転」がないためであります。

「暫時も話頭在らざれば死人に如同す。」

という一語が、『禅関策進』の中にあります。この「話頭」を「正念」に置きかえれば宜しいのです。「暫時も」とは、「行住坐臥」「語黙動静」の一切の日常現実生活の中においてということであります。一切の生活のすべての瞬間において「正念」が相続される時にこそ、真の「生」があるのであり、「正念相続」が無くては、形の上では生きていても、真の「生」は無いのです。「正念相続」の境涯においてこそ、真に「純一無雑（むぞう）」な、真に自由な、真に「活潑潑」な禅的生活が展開されるのであり、人間が真に生きるということが可能となるのであります。

「平地上、死人無数」などと言われますが、「単に生きている」ことと「真に生きる」こととには、天地の隔たりがあります。

かつて私が、那須・雲巌寺に留まっておりましたとき、植木憲道老師が、し

ばしば、作務(さむ)をしている若い人たちに向かって、

「生きておらんぞ。死んどるぞ。」

と叱咤されたことがありました。忘れ難く思い出されます。

「住（とどまる）」の時の工夫

坐禅の仕方やその心得につきましては、前段で、いささか述べましたが、以下、「住・行・臥」の時の心の在り方・用い方について、若干の事を書き記しておきます。

現代における一般の人の生活は、立っている時間が非常に多いのです。そこで「住（とどまる）」の際の心得が大切であります。立ちどまっている時の工夫は、「動中の工夫」の第一歩とも言うべきでありましょう。

傑れた禅僧の立っておられる時の様子や、宮本武蔵の画像などを見ますと、その踵（かかと）と踵の間は少し間隔があります。こうすることによって、両方の踵を付けている時よりは、全身の底面が、ずっと広くなります。したがって安定度が増加するわけです。踵と踵との間隔は、だいたい踵の幅くらいか、それより少し広いくらいがよいようです。あまり広すぎると行動への自由にかけることとなります。

先ず踵をしっかりと踏みしめ、それから足の親指の爪先きに力を充たしめ、次に足の裏の真ん中（いわゆる「足心」）に心を集中します。この「内観」を数回繰り返します（足の親指の爪先きに力を充たしめるということについては、傑れた力士の双葉山関の著『相撲求道録』から教えられました。この本は禅の道を歩む者にも参考になる点があります）。

立っている時は、禅門では「叉手当胸（さしゅとうきょう）」ということをいたします。宗派によって、その形式は少し違いますが、私たちは、右の手の指を揃えて鳩尾の所へ当て、左の掌でそれを上から握ります。この時、右の親指で左の親指を抱えるようにします。また肩の力を抜き、腋の下はユッタリとします。この作法も、精神の安定に益するところ大であります。

次に、膝をゆるめ、膝から下に力を充たしめ、下腹を少し前へ出すようにし、それと同時に、背骨を真っ直ぐに立てます。逆に、背骨を真っ直ぐに立てながら、下腹を前に出す、と言っても宜しいのです。これは剣聖と言われるほどの宮本武蔵が、その著『五輪書』の中で書き記していることですが、実践してみますと、まことに深い意味があるということが解ります。

それから先は、坐禅の時と同じですが、背骨を真っ直ぐに立てると同時に、肩や胸や鳩尾の力を抜いて、下の方へ流し下げ、「臍輪・気海・丹田」と言われる臍の周辺やそれから下の腹部へと、言わば、上半身の力を流し下げるような心持ちになります。このような「内観」を繰り返します。次に、「耳と肩と対し、鼻と臍と対し」という「内観」をいたします。唇や歯や舌についての注意は、坐禅の時と同様であります。

呼吸の仕方も、坐禅の時と同じでありますが、全身から下腹部へとシッカリと吸いこみ、吐く時は、「臍輪・気海・丹田」に気力を満たしめながら、「足心」から吐くような心持ちで吐きます。

その他の呼吸についての注意は、坐禅について前段に記したと同様であります。ただ、立っている時は、踵また足の裏の中心部で呼吸するような心持ちで呼吸する、殊に吐く時には、腰脚・足心に心を置くのが宜しいのです。『荘

子』の『内篇』には、

「真人の息は踵(くびす)を以てし、衆人の息は喉(のど)を以てす。」

という言葉がありますが、呼吸をこのように深くすることは、極めて大切なことであると思われます。

前段『呼吸について』の中に詳しく引用しましたが、『摩訶止観』の中の、

「つねに心を足に止(とど)むれば、よく一切の病を治す。」

という一句は、「住」の時の工夫において、忘れてはならない貴い言葉であると思われます。

「臥」の時の工夫

禅門においては、「寤寐恒一（ごみごういつ）」という一句が公案となっております。それはとにかくとしまして、目覚めている時でも、眠っている時でも、常に「正念」を相続するということが、禅者に課せられた厳しく重い課題であります。「正念」を絶え間なく相続するということは、長い年月にわたっての厳しい修練の後にのみ到りうるところの容易ならぬ境涯でありますが、禅道の修行者は、ここを目ざして精進するのであります。そこで、禅を学ぶ者は、「臥」の時でも、「正念相続」の工夫が必要であり、白隠禅師は、『遠羅天釜』において病床における工夫の貴さを力説しておられます。

病床でなくても、夜間、床につきます時、また、半夜、目を覚ましたような場合、上を向いて横たわり、両足を少し離し、両足の踵を強く踏みしめるようにし、呼吸を深くして休むのが宜しいと思います（この時、息を下腹部に吸い込みながら肛門を締めるようにすると、踵を踏みしめ易くなります）。

このような「臥禅」の時、両手は臍の上で重ね、もし呼吸が乱れている時は、鼻の穴に心を集中して、出入の息を「一」「二」「三」と百に向かって数えます。こうしているうちに、呼吸が次第に深くなり、「臍輪・気海・丹田・腰脚・足心」と下の方で呼吸をするような心持ちになり、遂には自らの身心を忘れ去って呼吸一片となります。

「臥」の時の「工夫」は、必ずしも容易ではありませんが、毎日毎日、練習を繰り返しておりますと、横臥すると同時に直ちに「臍輪・気海・丹田・腰脚・足心」に心が落ち着くようになり、睡眠にも自由が得られます。ただ、なにごとにも根気強い修練が必要であります。

白隠禅師は『夜船閑話』の中で、このような「内観」の法が、健康、殊に神経症の快癒のために非常な効果のあることを力説しておられます。快眠ということは、人間の健康にとって最も大切な要件でありますから、白隠禅師の説も傾聴すべきだと考えられます。禅の第一義は、健康のためということでは決してありませんが、しかし禅は身心の健康にも大きな効果のあることは否定できません。

「行（歩く）」の時の工夫

次に「行」の時の心がけでありますが、宮本武蔵は「飛び足」とか「烏足」というものを厳しく戒め、踵をしっかり踏んで動くことを奨めております。私自身の経験によりましても、武蔵の言うように、踵を踏みしめるようにしますと、足場の悪い場所で激しく動いても、身体が安定しているのを覚えました。また『五輪書』では、下腹部を前方へ出すようにすることを奨めております。それは即ち腰部に力が入ることでもありまして、身心共に安定し易い姿勢であります。

歩く時には、踵をしっかりと踏み、下腹を心持ち前方に出し、腰部に自然に力が充ちるようにし、さらに、呼吸を深く臍またその下まで吸い、「臍輪・気海・丹田」に気力を充たしめるようにして歩いたら宜しいと思います。この事は、言うは易く行なうは難いのですが、しかし、このような事を承知して、思い出したら行なうというふうに根気よく努めれば、いわゆる「積功累徳（しゃっくるいとく）」で、次第に、その工夫が自らの身について行き、遂には無意識のうちに、それができるようになります。

将棋の升田名人は、山本玄峯老師の歩いておられる姿に魅せられて、その後を追い、遂に老師の信者になったとのことでありますが、私の若い頃、円覚寺の山内を、まさに「清風颯々」という言葉のとおりに歩いて行かれる先師・堯道老師の姿、また数え年九十七歳の高齢の古川大航老師の「寂静」な歩行の様子など、忘れ難く私の胸裡に刻みつけられております。禅門では、「歩々清風起こる」などと言われますが、「正念相続」「動中の工夫」の結果としての真に無心な、そして堂々とした歩行は、至難ではありますが、高貴で美しいものであります。

◇

＊『景徳伝燈録』巻九「百丈懐海禅師第三世法嗣、潙山霊祐禅師」（『無門関』第四十則「趯倒浄瓶」）

「司馬頭陀、湖南より来たる。……（中略）……百丈云わく、吾が衆中に人の住し得る有ること莫しや否や。対えて云わく。待ちて歴く之を観ん。百丈、乃ち侍者をして第一座〔華林和尚〕を喚び来らしめて、問うて云わく。此の人如何。頭陀、謦咳一声し行くこと数歩せしむ。対えて云わく。此の人は不可なり。又、典座を喚び来たらしむ。頭陀云わく。此れは正に是れ潙山の主なり。

……（中略）……

華林の云わく。〝喚んで木楔〔縦の閂〕と作す可からず也〟。百丈肯がわず、乃ち師に問う。師浄瓶を趯倒す。百丈笑って云わく、〝第一座、山子に輪却せらるる也〟。遂に師をして潙山に往か遣しむ。」

限りなく高く遠く、而も即今「脚下」の道

「仏道無上」と言われます。また「山上また山有り」とも言われます。禅の道は限りなく高く、限りなく遠い道であります。しかし、それと同時に「一寸坐れば、一寸の仏」と言われ、また「一日の行持、これ諸仏の種子なり、諸仏の行持なり」（『正法眼蔵・行持』）とも言われます。それは、凡愚な私どもの即今の「脚下」に、現在の日常生活の中に、在る道であります。山を登る時には、志は山頂にあります。しかし、あまりに山頂のことを思いますと、疲労して却って中途で倒れてしまいます。志は山頂にありながら、しかも山頂のことは忘れて、あせらずに、また怠けずに、一歩一歩と自己の「脚下」の道を踏みしめて登るのが、最上の登り方でありましょう。このような登り方なれば、或る意味では、山頂は直に即今の「脚下」に在るとも考えられます。

ここに私は、至道無難禅師の「坐禅」という題の一つの法話と一つの道歌を

記したいと思います。

「色々妄想起る時、つよく禅定に入るべし、清浄に成る。禅定の功徳也。」

「いろいろに妄想おこるくすり（薬）には
　ただ禅定にし（如）くものはなし」

この法語や道歌と一しょに是非とも読んでいただきたいのは、次の法語であります。

「凡夫即（ち）仏なれども、しらざる故に、身のために苦（し）むなり。さと（悟）りて如来に身の悪さらせよ。是（れ）を修行といふ。いさぎよくなる時、仏なり。」

「悟り」に囚われた禅者に対して、「禅天魔」とか「雲居の羅漢」という批判があるのを思うにつけ、「悟りて如来に身の悪さらせよ。是れを修行といふ」と言うておられるのは、貴い言葉だと思われます。無難禅師は、厳しく自らの内の「身の悪」を反省した方であります。たとえ「衆生本来仏なり」（白隠禅師『坐禅和讃』）と悟っても、なお、「煩悩無尽」の私たちであります。その私たちは「正念相続」の工夫を一念・一念と積み累ねて行く他はないのであります。

白隠禅師が説き示しておられるように、「行住坐臥」「語黙動静」の日常現実の生活の中に在って、息を深く臍輪また丹田へと吸いこみ、「臍輪・気海・丹田・腰脚・足心」と常に気力を充たしめるように努め、無難禅師の教えられるように、煩悩・妄想が起こる時は、「つよく禅定に入る」ことを心がけ、このようにして、一歩一歩と、この道を歩いて行くより他はありません。しかし、

「勇猛の衆生のためには成仏一念に在り、
懈怠の衆生のためには涅槃三祇にわたる。」

とも言われます。空念仏(から)的な坐禅では、いくら長い歳月の間これを修しても、涅槃に入ることはできないが、一心勇猛に禅定に入るならば、即今の一念において直ちに成仏するのです。「即心是仏」であり、また、「当処(とうしょ)即ち蓮華国、この身即ち仏なり」（白隠禅師『坐禅和讃』）であります。

「仏」と言いますと、なにか大そう遠いことのようであり、また、何か古臭い観念のように思う人があるかも知れませんが、「真仏無形（真の仏は形が無い）」（『臨済録』）と言われるように、本当の「仏」とは「形が無い」ということであります。一定の形や色や性質がないということ、一切の限定を超えているということ、一切の対立を超越しているということ、つまり「無限」「絶対」ということが、「仏」の真の本質的規定であります。そして、真の「無形」「無限」「絶対」ということは、実は「無形」とか「絶対」とか「無限」とかという、そういう限定も、またないということでなくてはならないのであります。結局、形の中に在りながら、しかも形を超えるということ、限定の中にありながら、しかも限定を超えるということ、対立の中に在りながら、しかも対立を超えるということでなくてはならないのであります。『般若心経』の中の「色は即ち是れ空、空は即ち是れ色」とか「諸法空相」ということは、このことを指しているのであり、また「諸法実相」とか「真空妙有」とかという大乗仏教の根本教義も、このことを言うているのであります。

「仏は常に世間に在って而も世間の法に染まず」（『臨済録』に引用されている仏典の語句）などとも言われます。無限絶対者である仏は、有限相対の人間の世界の中に在って、しかも其れを超越し、絶対にそれを超越しつつ、しかも何処までも人間の世界の中に在るというのであります。

「道といふことは（言葉）にまよ（迷）ふことなかれ
　あさゆふをの（己）がなすわさ（業）としれ」

という至道無難禅師の道歌も、この事を言っているのであります。煩悩・妄想・愛憎・好悪・美醜・利害・得失・生死などの渦巻いている現実の人間生活から遊離して、その外に「道」を求めようとするのは、真の大乗仏教者の行き方ではないのであります。

私ども人間は、このような限られた形と色と生命と能力の存在であり、弱く醜く、また儚(はかな)い存在ではありますが、しかし、この有限な相対的な小さな私たち人間が、実は直ちに、時間的にも空間的にも限りない無限・絶対の存在であるということ、このことは、人間だけでなくて、一切の存在がそのようなものであるということ、この真実を、「体解」と言いまして、体験的に直覚する、いわゆる「悟る」――これが坐禅の宗教的目標であります。でありますから、『坐禅儀』にも、

「無礙清浄の慧、皆、禅定に依って生ず。」

という『円覚経』の一節が引用されております。

死を超越する力

禅における「悟り」は、単なる思想ではなくて、それは私たち人間の一切の生活の最も根本的な基礎となるものであり、人間生活を営んで行く上に起こってくる様々な苦難や煩悩を乗り越え断ち斬って行くための根本の智慧であり、そのための力となるものであります。

人間の苦悩の最大なものの一つは、死の苦しみであり、死への恐怖でありま す。禅によって得られた「無礙清浄（むげしょうじょう）」の「般若」の智慧と禅定力こそは、この苦しみ、この恐怖を超える道であり、力であります。それゆえ『坐禅儀』は、

「若し定力なくんば、死門に甘伏し、目（まなこ）を掩うて空しく帰り、宛然（えんぜん）として流浪せん。」

という言葉で結ばれております。

『禅関策進』には、「参究念仏」とか「念仏一声」とかという言葉があり、また「念仏と参禅と、豈(あに)二理有らんや」などとも言われております。白隠禅師も、浄土門の「念仏」や法華宗の「唱題」を、「公案」と同様に見ておられます。「南無観世音菩薩」と、観世音菩薩の名を称(とな)える「観音行」も、この意味では「念仏」や「唱題」と同じでありります。

平素無事の時に坐禅とか念仏とか「観音行」などを一心に修しておりますと、「急難」に遭うとか、「死門」の前に立つとか、色々の妄想起り煩悩に悩むとか、また、いわゆる「八風」(利衰・毀誉・称譏・苦楽)に曝(さら)される時とかに、自然に禅定力が発露されるのであります。

「一すち(筋)に　なむあみだ仏ととなふれば
　　ほとけも見えず身もなかりけり
たちまちに死(に)はて丶見る心こそ

かりに仏と名はつけにけれ」

このように至道無難禅師は詠んでおられます。また、『坐禅儀』の最後の一節の中には、

「坐脱立亡(ざだつりゅうぼう)は須らく定力に憑(よ)るべく。」

という一句があります。「坐脱」の人は、禅門には沢山にあります。また、三祖鑑智禅師や妙心寺開山・無相関山大師のように「立亡」の人が、時々現われます。しかし横臥して示寂された禅師も多く、時には巌頭和尚のように賊に斬られ大声で叫びながら死んで行った人もあり、また普化(ふけ)和尚のように鈴を振りながら街頭に死んだ人もあります。そのどれが、禅宗での死に方のお手本であるというわけではありませんが、とにかく「死門」の前においてのその自在な姿、悠揚迫らぬ態度には、何としても讃嘆の思いを禁じ得ないのであります。

このように、

「生死の岸頭において大自在を得、六道・四生の中に向かって遊戯三昧。」

（『無門関』第一則評唱）

であるということは、凡下な私たちには、あまりにも高く遠い所にあるものを仰ぎ見るようなものかも知れませんが、努力精進の如何によっては、私たち凡愚なものも、そこへ近づくことが可能であります。お互いに志を高く持して、できるだけ努力しなくてはと思われます。

結びの言葉

大ぶん長くなりましたが、それでもまだ充分に尽くしているとは思われないような心持ちであります。とにかく、毎日、朝な夕なに坐禅に努め、「行住坐臥」「語黙動静」の一切の生活の中で「正念相続」に精進努力されることをお奨めいたします。何事の修得にも、根気強い只管な日日の努力が必要でありますが、禅も同じであります。なお「独坐」ということは、もちろん大切な事であり、真の修行者は努めて「独坐」すべきでありますが、しかしまた、なかなか難しい事でありますから、余裕の時間のある時は、なるべく禅会に参加され、正師の指導を受けられますように、お奨めいたします。「聞・思・修」ということは、禅門においてもまた、まことに大切であります。

禅門には「慈明引錐自刺」という故事があります。後に慈明禅師と称せられ、その会下から黄龍慧南、楊岐方会というような大宗師を打出した石霜楚円禅師の修行時代の事でありますが、寒気の甚だしい冬の夜、楚円禅師が坐禅しておられた時、睡魔におそわれると「錐を引いて自ら刺し」「古人刻苦、光明必ず盛大なり」と言って自らを策励したと伝えられております（この「光明」は、勿論、小さな自己の光明ではなく、仏法の光明であり、禅道の光明であります）。

錐で刺すというような事はとにかくとして、このような勇猛精進の心は、禅の道を歩む者が、その大小・強弱の差はあっても、一様に抱懐するところであります。しかし、それと同時に、『法華経』の中に説かれてありますように、「柔和質実」の心がなくては、真の禅道の人となることはできません。先覚者の教えに対し、また自らが師事する師家に対しては、何処までも、心を柔和にし素直にし、そして極度に誠実に努力精進するのでなくては、この道に深く探ね入り遂には其蘊奥を窮めることは到底できません。現代の人々の多くは、ひたすらな素直な「信従」の心を失なっているかのようでありまして、この点、限りなく高く遠い禅の道を歩む力を欠如している人が多いかとも考えられます。最後に、「天行健やかなり。君子、以て自ら強めて息まず」(『易経』)「苟に、日に新たに、日日に新たに、日に新たなり」(『大学』)という儒教の言葉、また、「光陰箭の如し、謹んで雑用心すること莫かれ」という『興禅大燈国師遺戒』の中の一句、さらに次のような『中峯国師座右銘』の最後の一節を想起して禿筆を擱くことといたします。

「生死の事大なり、光陰惜しむ可し。無常迅速、時人を待たず。人身受け難し、今已に受く。仏法聞き難し、今已に聞く。此の身、今生に向かって度せずんば、更に何れの処に向かってか此の身を度せん。」

(昭和四十五年三月擱筆、昭和五十七年加筆)

後書きに代えて

布鼓庵・辻雙明老師は、その著『街頭の禅』の中で次のように言われている。

「〈山林仏法〉とか〈伽藍(がらん)仏法〉とかいう言葉があるが、現代においては仏法が〈伽藍〉や〈山林〉から解放されて〈街頭〉に出て来るべき時代であると考えられる。それは決して、単に伽藍の価値を否定するとか、山林の閑寂な場所における修行の貴さを否定するのではない。ただ真の禅・真の仏法というものは、特殊な道場の中の特殊な人々の間にだけ在るものではなく、一般の〈街頭〉の生活の真っ只中にあるということを強調したいのである。……（中略）……それ（街頭の禅）は、特殊な修行者にのみ限られた〈禅〉ではなく、家に在り職に就いている普通の人々の、平常の生活の中の禅を意味しているのであって、事務所、工場、学校、家庭などにおいて一切の人が行ずるところの禅を言っているのである。」

これは、決して思索による論理的帰結といったものではなく、むしろ老師が、文字どおりその波瀾の生涯の中で、ひたすらに禅の道を邁進してこられた御自身の実体験に基づく実感の吐露――あるいはさらに進んで――念願の表明であると考えられる。

老師は、学生時代の精神的彷徨の中で禅に出会って強く引きつけられ、卒業後も、会社勤めのかたわら、禅の研鑽をつまれたが、奥様の病死と、二・二六事件を初めとする時代の激動への深い反省とを機縁として、「自分は禅の道に突進しよう、そうすることによって、少しでも世の中のためになろう」(『禅の道をたどりて来て』春秋社、五三頁)と発願され、ついに円覚寺管長、毒狼窟・古川堯道老師の室内において「須弥山(すみせん)」の公案を透過された。その後、自らの「参禅弁道」を容易にするために、世間的な栄達の道を捨てて教職に就かれ、次いで応召、敗戦、そしてシベリアでの過酷な抑留生活を体験される中で、「たとえ山寺の鐘つき男になってでもいいから、仏道のために尽くそう」と、いよいよ伝道の念願を深められた。復員後、堯道老師が再参され、毒狼窟裡の室内を尽くして「布鼓庵」の室号を授与され、やがて那須の雲巌寺で出家得度、京都街頭で托鉢行乞されるなど、聖胎を養なわれた後、ついに昭和三十八年、〈街頭の禅堂〉としての不二禅堂が建立されるという大機縁に恵まれた。そして、御遷化のその日まで在家の修行者の接受化益に孜々として努められている。

禅会では、読経の前に通常『懺悔文』『開経の偈』『三帰礼文』といったものを読誦もしくは黙読するが、ある時、雙明老師は提唱の中で、『開経の偈』の「無上甚深微妙の法は百千万劫にも遭い遇うこと難し。我、今、見聞し受持することを得たり。願わくば如来の真実義を解せんことを」という文言について、「これがオーバーに聞こえるようじゃ、まだまだ仏法の法味が分かっているとは言えない」と述べられたことがあります。これは、自らの人生の節目節目で真に「禅の功徳は広大無辺」（菅禮之助翁の言葉）なることを身をもって体験された老師ご自身の実感であると同時に、畢竟、仏法に対するこうした「賛嘆の念」こそ、老師をして禅の道に邁進させた原動力であり、老師の布教伝道活動を貫く「経（たていと）」であったことを見誤ってはならないであろう。

惜しくも夭折された金子栄一先生も、老師の著『禅の道をたどり来て』に寄せた推薦文の中で、「本書は……何よりも、このむずかしい時代の中で、できるだけ多くの人に〈本当のもの〉を体得してもらいたいという著者の願いの表明であるように思われる」と述べておられる。雙明老師が自らの知音底（ちいんてい）と認められていた人ならではの的確な評言と言うことができるが、老師ご自身も、「見性する少し前のことだが、堯道老師に参禅して帰る道すがら、円覚寺の山門をくぐりながら、白隠禅師の『遠羅天釜』の中に、〝気宇、王の如し〟という言葉があるだろ、その時ふっと〝ああ、これだな〟と思った。〝坐禅というものは、本当にいいものだなあ〟とつくづくそう思ったが、この境涯を一人でも多くの人に伝えたいというのが、僕のその後の歩みの本当の動機になっている」と、幾度(いくたび)か感慨深げに洩らされたものでした。

本書『呼吸のくふう』は、すなわち、老師がそうした大慈大悲の念願を抱いて禅の道を歩んでこられた実参・実究の結露に他ならない。角度を変えて言えば、老師の一つの帰結である『街頭の禅』の実践編、もしくは——老師のお叱りを覚悟で現代風に言えば——マニュアルと見ることもできよう。しかもその一語一語は、いわば〈街頭の禅〉のための道場である不二禅堂において、老師が多年にわたり自ら研鑽され、また在家の修行者を指導される中で整理された、いわば老師の「体究錬磨の記録」、また「体究錬磨の結晶」とも言うべきものであり、このことが本書を、凡百の『坐禅儀』の解説書とはおもむきを異にするユニークな書となしている点であると言えよう。

ちなみに老師の「体究錬磨」ということに関して言えば、私自身、老師に近侍することを許され、老師の寝間の掃除を初めてお手伝いしたとき、老師の敷布団に、「踵の倍くらい離した」両踵の——それも一朝一夕のものではない——跡が、くっきりと窪んでいるのを目にし、老師の「臥禅(がぜん)」の真実なあり様に瞠目したことがあります。

○

本書には、布鼓庵・辻雙明老師が残された録音テープを筆録整理した「呼吸について」と「坐禅の仕方、並びに行住坐臥の中の禅の工夫」、それに老師ご自身の清書になる「坐禅の仕方とその心得――日常生活の中の禅の工夫」の三編を収める。

第一部の「呼吸について」は、平成元年五月四日と五日に、その「補説」は、平成二年五月四日と五日に、それぞれ不二禅堂の摂心会において提唱された。雙明老師御遷化の前々年および前年の提唱ということになる。

雙明老師は、長年、不二禅堂の行事に初めて参加される方々に対して、つねに自ら、ほぼ一時間にわたって坐禅の仕方を懇切に指導されたが、ここに収める第二部の「坐禅の仕方、並びに行住坐臥の中の禅の工夫」は、老師ご自身が、多年の経験に鑑み、もうこれでよいと納得されて、前編の「坐禅の仕方」は昭和五十九年十一月十日に、後編の「行住坐臥の中の禅の工夫」は昭和六十一年三月十五日に録音されたものであり、不二禅堂のその後の行事参加の指導に用いられてきた。

第三部の「坐禅の仕方とその心得——日常生活の中の禅の工夫」は、雙明老師が昭和三十年より自ら編集されていた雑誌『帰一』に発表されるべく用意されていたものであったが、諸般の事情により『帰一』誌が三十四号（昭和四十四年十一月十八日発行）をもって廃刊されるに伴い、ついに発表される機会を得ないまま、篋底(きょうてい)に蔵(おさ)められていたものである。この稿は最初、『帰一』十七号（昭和三十六年五月十八日発行）に『坐禅の仕方と其の心得——「行住坐臥」の中の禅——』として発表されたが、次いで、それに加筆したものが、『帰一』二十七号（昭和四十一年六月十八日発行）に同題で発表されている。これに、さらに大幅に筆が加えられたものが、本稿である。昭和四十五年三月に、一旦は擱筆されているが、その後も昭和五十七年まで数度の加筆が行なわれている。

したがって、本書の成立は、第三部、第二部、第一部の順になるが、実践という点で、まず入り易さということを考慮して、本書の配列にした。ある程度、坐禅の経験のある方は、第二部から読みすすめて、第一部に返るという読み方も可能であろうが、しかし願うことならば、やはり第一部から通読された後に、もう一度、第一部の「呼吸について」を再読するようにしていただきたい。「呼吸について」は、いわば老師が現代生活の唯中で挙場された〈隻手の音声〉であり、一読目とは、まったく違った次元で、その隠された真意を汲み取られるであろう。

もちろん、本来は、一読ですむような本ではなく、二読、三読と、座右に置いて、「実践の手引き」として繰り返し読み返すべきであることは、言うまでもない。

○

最後に、表題について、お断りしておかなくてはならない。最初、『呼吸について――日常生活の中の禅の工夫』という表題にする予定であったが、春秋社編集部の助言をいれて、『呼吸のくふう――日常生活の中の禅』とした。その文脈(コンテキスト)をパラフレーズするとすれば、「禅者は日常生活の只中で精進すべきであり、その工夫の秘訣は呼吸にあり」ということになろうか。

老師は、禅堂に来られる方々に、「ただ、こういう所へ来て坐禅をしているだけでは、いつまでたっても、力はつかない。日常の生活において、たとえば朝起きた時、夜寝る前に、たとえ十分でも二十分でもいいから、日日（にちにち）に正しい姿勢をして坐禅をするようにしなくてはいかん」と繰り返し説かれておられましたが、やはりこうした日常の「行（ぎょう）」ということで考えれば、呼吸は一つの手掛かりになると思われます。

僧堂の規則正しい生活の中に身を置くことができればともかく、日常の慌（あわ）ただしい生活に追われている在家の者にとっては、たとえ十分でも、坐禅のために時間をとるということはなかなか容易ではありません。そこで取りあえず、本書の第二部、第三部に説かれているところに従って、まず正しい坐禅の姿勢をし、それから十回でも二十回でも、呼吸を静かに数える。そして毎日、少しずつでも呼吸を長く深くして行くよう心がける。その際、目の前に時計を置いて、十回なら十回、二十回なら二十回に要した時間を見て等分してみるというのも、一つの工夫であると思われます。呼吸の時間が少しずつ長くなって行くのが分かれば、それはそれなりに励みになるのではないでしょうか。つまり一呼吸一分になれば、十回で十分、二十回で二十分、坐ったことになります。

そうやって少しずつ力がついて行けば、今度は、老師の言われる生活の「節」で、つまり電車や人を待つ間とか、何かの仕事を始める前とかに、そういう工夫をするように心がける。そうして機会があれば、禅会なり道場なりでみんなと一緒に坐って、自らの坐禅を点検してみる。そのようにして行けば、自然に坐禅と生活とが一体となって、いわゆる老師の鼓吹された「街頭の禅」も実現されるようになって行くと思われます。

ここで、いささかの補足をしておかなくてはなりません。呼吸法について書いてある本には概ね、吐く息は長く、吸う時の息は短くと一様に説かれているようですが、事実、老師も以前はそのお考えでしたが、ある時「あれは間違いだった」と、はっきり洩らされたことがあります。現実にはそうした長短があるにしても、そんなことは度外視して、とにかく、吐く時は、吐くことに、あるいは吐く時の数になりきって吐きつくす。吸う時は、吸うことに、あるいは吸う時の数になりきって淳淳と吸って行く。「そういうふうにやらなきゃあ、いつまでたっても呼吸は深くなるもんじゃない。またそこに、呼吸の秘訣もあるんだよ」と諄諄に教え諭されたのでした。

またある時、老師はこう言われたことがあります。「大燈国師の遺偈は〝仏祖を裁断し、吹毛常に磨く、機輪転ずる処、虚空牙を咬む〟というのだが、一分なら一分、三分なら三分、あるいはそれ以上に、呼吸が長くなって行くと、この〝虚空牙を咬む〟ということの意味が段々に違ってくる所が、おもしろいね」と。

それはそれとして、われわれ在俗の者にとっては、やはりこの「一呼吸一分」さらには「一呼吸三分」という教えは、生活の一つの目安になるのではないでしょうか。とかく便利と快楽とを求めて狂躁に流れがちな現代の文明の中にあって、せめて深い意味でなくとも、自らの「主心」「主人公」を見失なわないためにも、日常の生活の場において、この「一呼吸一分」を目安にして、少しずつ坐禅（もしくは行住坐臥の禅）を積みかさねて行くということは——禅は本来「無功徳」の立場ですが——必ずや「広大無辺な功徳」の発現をもたらすに違いありません。すなわち、そうした「潜行密用」な営為は、自己の心身を知らず知らずのうちに正してくれるのみならず、そこには自ずから、いわゆる夢窓国師の言われる「無縁の慈悲」（『夢中問答』）も発動されて、今日の顚倒した現代文明がそれなりに浄化されて行くことにもなると考えられます。「一燈無人燈」ということが言われます。皆様のご精進を祈念いたすこと、切なるものがあります。

○

布鼓庵・辻元要雙明老師は、平成三年三月三十日の鶏鳴に示寂されました。「示寂という言葉はいいねえ。〝寂を示す〟と書く」と最晩年によく申されておられましたが、そのお言葉通りの寂かな御最後でした。

本書を老師の一周忌に出版できる機縁をつくっていただきました春秋社の神田明社長、ならびに同社の担当者の方々、とりわけ助言と尽力を惜しまれなかった編集部の鈴木龍太郎氏に厚くお礼を申し上げます。

また最後に、雙明老師の学生時代からの畏友であられ、長年にわたって老師を背後から常に支えてこられました不二学道会の田中外次理事長に深く感謝申し上げます。田中理事長には、原稿を通読していただき、その際、本書の意義を高く評価していただき、ことに第一部の「呼吸について」に対して、「禅宗は千何百年かの歴史をもつが、呼吸ということは極めて大切だということが常に言われながら、なかなかそれがおもてに出てこない。辻雙明老師との長い交わりの中でも、先師・古川堯道老師がある時ポツリと〝結局、呼吸ということが根本だな〟と雙明老師に洩らされたという話、ある伝法の師家から呼吸についての古い書物があれば教えて欲しいとのうちわった話があったという二つの談話を想い出す程度であるが、このたび、本書の上梓を見たのは、まことに有り難いことである」とのお言葉を賜りました。紙上を借りて、衷心より御礼申し上げます。

平成三年十二月

榎木真吉　謹識

著者紹介

辻　雙明（つじ・そうめい）
1903年生まれ。東京商科大学在籍中に円覚寺派管長兼僧堂師家・古川堯道老師に参禅、後、嗣法。1949年、46歳の時に那須雲巌寺の植木憲道老師について出家得度、後に還俗。鈴木大拙や西田幾多郎、公田連太郎にも親しく教えを受ける。1963年、不二禅堂の初代師家就任。1991年逝去。著書に、『禅の道をたどり着て』『真の宗教を求めて』『禅・宗教についての十五章』『禅の道をたどり来て　増補版』『禅骨の人々　師と友の群像』『呼吸のくふう　日常生活の中の禅』（以上、春秋社）、『街頭の禅』（東洋経済新報社）。

呼吸のくふう——日常生活の中の禅

1992年２月28日　初版第一刷発行
2023年１月20日　新版第一刷発行

著者Ⓒ＝辻　雙明
発行者＝神田　明
発行所＝株式会社 春秋社
〒101－0021　東京都千代田区外神田2－18－6
電話　(03) 3255－9611（営業）
(03) 3255－9614（編集）
振替　00180－6－24861
https://www.shunjusha.co.jp/
装　幀＝鎌内　文
印刷所＝信毎書籍印刷 株式会社
製本所＝ナショナル製本協同組合

ISBN 978-4-393-14290-5　Printed in Japan
定価はカバー等に表示してあります